Elke Bader

Identitätswahrung in Zeiten der Globalisierung
Glaubensfreiheit kontra Religionsfreiheit:
der Fall Abt Theodul Schlegel

Elke Bader

Identitätswahrung in Zeiten der Globalisierung

Glaubensfreiheit kontra Religionsfreiheit: der Fall Abt Theodul Schlegel

FORUM POLITIK
GESCHICHTE KULTUR

1/eb

Rediroma-Verlag

Bibliografische Information der Deutschen Nationalbibliothek:
Die Deutsche Nationalbibliothek verzeichnet diese Publikation in der Deutschen Nationalbibliografie; detaillierte bibliografische Daten sind im Internet über http://dnb.ddb.de abrufbar.

ISBN 978-3-96103-221-1

Umschlagillustration: **nanihta / photocase.de**

www.rediroma-verlag.de
8,95 Euro (D)
14,80 CHF

Inhaltsverzeichnis

Ein Kommentar von Dr. Gabriela Hofstetter

Mit diesem Buch schließt Elke Bader eine beträchtliche Lücke nicht nur in der Bündner Geschichtsschreibung, sondern auch in der Perspektivierung der Reformationsgeschichte. Die Autorin nimmt die Leserinnen und Leser auf eine Zeitreise ins 16. Jahrhundert mit, wo diese ein – mit hoher Spannung erzähltes und abwechslungsreiches – Intrigenspiel einerseits zwischen den europäischen Mächten und dem sich verzweifelt windenden Schlossherrn von Musso, Giacomo de Medici, und andererseits um die Bündner Pässe und das Veltlin verfolgen können.

Zum einen wird durch das Wirken von Abt Theodul Schlegel, welcher vorerst von Huldrych Zwinglis zeitgenössischen Ideen angetan war, sich dann aber später von diesen abwandte und den katholischen Glauben verteidigte, die Reformation unter einem neuen Blickwinkel dargestellt. Das Althergebrachte droht dabei aus den Angeln gehoben zu werden, die damalige Gesellschaft scheint auseinander zu brechen. Ähnlich ergeht es uns heute aufgrund eines grossen Einwanderungsdrucks aus islamischen Ländern in den europäischen Raum: Unruhe, Angst und Hass verbreiten sich unter den europäischen Gesellschaften.

Zum anderen wird mit dieser ausführlichen Abhandlung nicht nur die Bündner Geschichte um ein wertvolles Stück reicher, sondern es wird auch ein erhellendes Licht auf die Zusammenhänge der eidgenössischen und europäischen Politik des 16. Jahrhunderts geworfen. Elke Bader betrachtet die Reformation unter einem neuen Aspekt, nämlich demjenigen der Identitätswahrnehmung. Indem die Identitätswahrnehmung entlarvt und mit den neusten kulturwissenschaftlichen Erkenntnissen belegt wird, entsteht eine einfühlsame und emotionale Geschichte. Zudem werden diese Ausführungen - insbesondere verglichen mit Vorkommnissen aus der Migrationspolitik des 21. Jahrhunderts - in ein spannendes Buch zusammengefasst, welches der Leserin und dem Leser hilft, sich in diesem komplexen kulturellen Umfeld der globalen Wanderbewegungen besser zurechtzufinden.

Dr. Gabriela Hofstetter

Die Schweizer Historikerin ist Verfasserin vielfacher Abhandlungen insbesondere im Bereich der Reformationsgeschichte. In Seminaren und Vorträgen analysiert sie die sozialhistorischen Hintergründe religiöser Missionsgeschichte.

Auf ein (Vor)wort: Ein Inquisitionsprozess im Kontext von Identitätswahrung und Religionsfreiheit in Zeiten dramatischer kultureller Pluralisierung

Sie haben dieses Buch aufgeschlagen und wagen sich mitten hinein in den Abgrund eines tödlichen Politthrillers zur Zeit der Reformation. Doch zuvor sei geraten, wappnen Sie sich mit dem Wissen des 21. Jahrhunderts, welches hilft, sich nicht zu verlieren im dramatischen Kampf der Kulturen! Sie glauben, das kann Ihnen nicht passieren? Schauen Sie sich die Erzählmuster an, mit denen Abt Theodul Schlegel zu Beginn der ‚Neuen Zeit' verzweifelt versucht, seine Orientierung nicht zu verlieren, seinem Leben wieder Halt zu geben. Entscheiden Sie! Hätte er dem Abgrund entgegengesehen, wenn ihm die Zusammenhänge um sein Identitätsproblem bewusst gewesen wären? Hätten diese ihn vor Folter und Hinrichtung bewahren können?[1]

---

[1] Mit seinem Werk „Abt Theodul Schlegel und seine Zeit" legt Oskar Vasella eine bedeutende und hinsichtlich des verarbeiteten Quellenmaterials einschlägige und umfangreiche geschichtswissenschaftliche Analyse zur politischen Geschichte Graubündens im Kontext der Reformation vor. Als kulturwissenschaftlicher Ansatz verbleibt dabei das Phänomen ‚Religionsfreiheit' unter dem Gesichtspunkt narrativer Identitätskonstruktion unberücksichtigt. Dennoch entstand die vorliegende Untersuchung gerade in Auseinandersetzung mit Vasellas Überlegungen hinsichtlich der Schuld oder Unschuld des Abtes Theodul Schlegel vor dem Hintergrund des Ilanzer Artikelbriefes: Oskar Vasella, Abt Theodul Schlegel und seine Zeit, 1515-1529, Kritische Studien über Religion

Sind Sie an einer Antwort interessiert? Dann steigen Sie ein in den Vergangenheitsexpress, verlassen Sie ihn an einem Bahnhof mit Namen ‚Alt Fry Rätien', von wo aus die verfassungsrechtliche Niederlegung der Religionsfreiheit ihren Siegeszug durch die neuzeitliche Geschichte des Westens antrat. Noch während des Ausstiegs blicken wir als erfahrene Zeitreisende auf das satellitengesteuerte Navigationssystem am Handgelenk und mit den Fragen des 21. Jahrhunderts im Gepäck wissen wir, welchen Boden unsere Füße berühren werden, den Boden der Schweiz, genauer des Kantons Graubünden, noch genauer der Stadt Ilanz, die erste Stadt am Rhein, heute offizielle Reformationsstadt. Vom Bahnhof aus lassen wir den Fluss hinter uns und mühen uns ein wenig bergan. Denn mit dem Zug ist auch der Bahnhof in den Gezeiten der Zeit verschwunden und unser Blick wird nunmehr durch ein rotes, hinter einer großen Freifläche mit lärmenden Men-

---

und Politik in der Zeit der Reformation, Freiburg (CH) 1954. Makrohistorische Analysen über die Geschichte Graubündens zur Zeit der Reformation sind zahlreich erschienen. Akzentuiert werden insbesondere ein politikgeschichtlicher Ansatz sowie strukturgeschichtliche Erklärungsmodelle. Unberücksichtigt bleibt dabei die Wirkung zwischen politischer System- und Strukturgeschichte auf die Möglichkeit individueller Entfaltung, welche die vorliegende Studie fokussiert. Hier soll eine der detailliertesten und ältesten Beschreibungen politischer Strukturen, Institutionen und kultureller Besonderheiten angeführt werden aus der Feder des Fortunat Sprecher v. Bernegg (1585-1647). Fortunat Sprecher von Bernegg, Rätische Chronik, in der Übersetzung von Anton von Sprecher (Hrsg.), Bd. II, Malans 1999. Eine entlang bündnerischer Dekrete und Verfügungen erstellte einschlägige Kurzdarstellung aus neuerer Zeit gibt Martin Bundi, Zur Dynamik der frühen Reformbewegung in Graubünden: Staats-, Kirchen- und privatrechtliche Erlasse des Dreibündestaates 1523-1526, in: Christian Moser und Peter Opitz (Hrsg.) Zwingliana, Beiträge zur Geschichte des Protestantismus in der Schweiz und seiner Ausstrahlung, Bd. 38, Zürich 2011, S. 1-34.

schen aufragendes Gebäude angezogen. ‚Rathaus' steht darauf geschrieben. Die Sprache jedenfalls ist auch ohne Übersetzungscomputer verstehbar. Wir betätigen den Transformationsschalter, drücken auf ‚Unsichtbarkeit' und platzen als Ungeladene jedoch gerechtfertigt durch die Freiheit der Wissenschaft und die Dringlichkeit unserer Zeit mitten hinein in eine Männerversammlung. Die wilde Gestik erinnert trotz der Fremdartigkeit honoriger Garderobe an das aufgeregte Durcheinander politischer Fundamentaldebatten in einer fast 500jährigen Zukunft. Es dauert ein wenig, bis wir erkennen, dass trotz des Tohubawohus alle dasselbe fordern. Einer mit Namen ‚Janik' wird aufgefordert zu lesen, was er geschrieben. Eilig fingern wir in unserem Bündel nach der Liste unserer wissenschaftlichen Angelegenheiten. Jetzt sind wir ihm nah, dem Ilanzer Artikelbrief aus dem Jahre 1526. Es ist dies die Schriftquelle, mit der erstmals ein demokratisch organisierter Freistaat persönliche Religionsfreiheit in einer sich globalisierenden Welt verfassungsrelevant niederschrieb[2]; denn im Nachgang zur bündnerischen Proklamation der Religionsfreiheit desselben Jahres fungierte sie quasi als deren konstitutionelle Durchführungsverordnung.[3] In 20 Artikeln petrifiziert vor unseren Augen die

---

[2] Die Urkunde des Ilanzer Artikelbriefes von 1526 befindet sich im Staatsarchiv Graubünden, StAGR AI/01 Nr. 074-076 a, b, c. Eine transkribierte Abschrift ist veröffentlicht bei: Constanz Jecklin, Urkunden zur Verfassungsgeschichte Graubündens, 2. Heft, Zeit der Reformation (Bis zum Ende des 16. Jahrh.), in: Jahresbericht der Historisch-Antiquarischen Gesellschaft von Graubünden, Chur 1884, S. 89-98.Ein ‚Janik' hat als Bundesschreiber signiert.

[3] Die Proklamation persönlicher Religionsfreiheit März 1526 ist tradiert bei Ulrici Campelli, Historia Raetica, Plc. Plattner (Hrsg.), Bd. 2, Basel 1890, S. 161f. Petrus Dominicus Rosinus de Porta, Historia Reformationis

Volksversammlung des bündnerischen Freistaates eine inhaltlich detaillierte Konkretisierung des Begriffes persönlicher ‚Religionsfreiheit', welche selbst die epochalen Religionskriege überdauert – genau jenes Dekret, vor dessen Hintergrund der Scharfrichter Hand an Theodul Schlegel legte.

Sie meinen, ja gut, das war damals, aber heute? Schauen wir uns einige Erzählmuster an, mit denen kultureller Verunsicherung in der Demokratie der Gegenwart begeg-

---

Ecclesiarum Raeticarum, Bd. I, Chur 1771, S. 146. Aus neuerer Zeit liefert Martin Bundi eine teilweise Übersetzung: Martin Bundi, Zur Dynamik der frühen Reformbewegung in Graubünden (wie Anm. 1), hier S. 28. Die Proklamation in Chur ist seit der Mailänder Vereinbarung am Übergang zur Spätantike und deren Abschaffung durch die Institutionalisierung der christlichen Staatsreligion Ende des 4. Jahrhunderts die erste schriftliche Niederlegung einer individuellen wenn auch hinsichtlich der erlaubten Religionen speziellen Religionsfreiheit, noch vor dem siebenbürgischen Edikt von Torda im späteren 16. Jahrhundert. Zu Recht kann sie insofern als frühneuzeitlicher Vorläufer der erst im bürgerlichen Jahrhundert der Moderne gewährten allgemeinen und individuellen Religionsfreiheit in Europa gesehen werden; in der Schweiz 1874, in Deutschland 1848/49 und auch in Österreich im Verlauf des langen 19. Jahrhunderts. Dass im Zuge pluralisierter religiöser Sinnkonstruktionen in Zeiten der Reformation das Phänomen der Gewissensfreiheit auch andernorts „verspürt" (Florian Hitz) wurde, ist evident. Florian Hitz, Rezension Martin Bundi, Gewissensfreiheit und Inquisition im rätischen Alpenraum, in: Bündner Monatsblatt (BM), Bd. 2004, Heft 1, S. 83-94, hier S. 86. Expressis verbis dezidiert als persönliche Freiheit in einen Grundsatzentscheid gefasst, finden wir sie gleichwohl erstmalig im Bundestagsbeschluss der Drei Bünde von 1526. Im von Hitz angeführten Beschluss der Appenzeller Landsgemeinde erhält individuelle Gewissensfreiheit bereits infolge der topographischen Satzstruktur eine dem kommunalen Mehrheitsprinzip nachrangige Stellung. Interessant wäre eine Untersuchung, welche eine mögliche Interdependenz zwischen jener Subsidiarität und der Aufhebung des religiösen Minderheitenschutzes in Appenzell 1597 beleuchtet; dies insbesondere im Unterschied zu der trotz aller auch blutigen Kontroversen im rätischen Freistaat bis zur napoleonischen Wende geltenden Rechtslage.

net wird. Welche Rolle spielt erneut Religion in diesen Erzählmustern angesichts eines wieder rasanten Globalisierungsschubes? Ist das Wissen um Identitätswahrung in unserer Gegenwart tatsächlich in der Mitte der Gesellschaft angekommen?

Werfen wir also einen Blick auf die kulturellen Kontrahenten von damals und heute – wann sonst, wenn nicht jetzt im Festjahr der Reformation?

Machtvoll drängen sich die Kontinuitätslinien in den Horizont der Gegenwart. Religionsfreiheit – einem Brennglas gleich tobt in diesem Begriff der Kampf um das Morgen, damals wie heute. Als nicht mehr Mittelalter war und noch nicht Neuzeit, fragten sich die Menschen des Abendlandes, ob denn der neue Glaube zu ihnen gehören darf und die Neugläubigen, ob denn das Alte, die Messe, noch bestehen darf. Als nicht mehr Moderne war und Postmoderne noch eine weitgehend Unbekannte ist, fragen sich die Nachgeborenen, ob denn Minarette und der Islam zu ihnen gehören können.

Natürlich, es gibt auch Unterschiede. So standen sich Reformation und alter katholischer Glaube zwar getrennt im theologischen, jedoch vereint im ständischen Denken gegenüber, in dem nicht rechtliche Gleichheit zwischen den Menschen herrscht, sondern gottgewollte Ungleichheit.[4] Heute dagegen mit dem jetzt in Europa praktizier-

[4] Nach Zwingli ist es göttliches Recht, „[…] daß Einer über die Anderen gesetzt sei, und die Zügel der Regierung halte […]". Leonhard Usteri, Salomon Vögelin (Hrsg.), M. Huldreich Zwingli's sämmtliche Schriften im Auszuge, Bd. 1, Zürich 1819, S. 279. Luther spricht von der Gnade Gottes, die keinen irdischen Rechtsanspruch begründet. Martin Luther, Ermahnung zum Frieden auf die zwölf Artikel der Bauernschaft in Schwaben. 1525, in: Otto Clemen(Hrsg.), Lu-

ten Christentum, angepasst an eine durch Aufklärung und Demokratie weitgehend säkularisierte und liberale Gesellschaftsordnung, stößt die gesellschaftspolitische Vorstellung rechtlicher Gleichheit auf jene mehr oder weniger praktizierter Ungleichheit in islamisch geprägten Kulturen.[5] Rasant anwachsende freiwillige und gezwungene Migration gerade aus autoritär islamisch geprägten Ländern nach West-Europa spannt diese „Gleichzeitigkeit des Ungleichzeitigen“[6] zu einem Flitzebogen gesellschaftlichen Dissenses. Die orientalischen Migranten sehen sich in ihren tradierten lebensweltlichen Orientierungsmustern im offiziellen kulturellen Gedächtnisrahmen des Okzidents nicht repräsentiert. Ihr „verletztes Gedächtnis“ (Paul Ricoeur) zu heilen, treten sie an, die existenziell erlittenen Brucherfahrungen zu verarbeiten. Angesichts des Fremden gibt es keinen schöneren Ort als den verlorenen. Nostalgie verklärt! Zudem täte sich der findigste Geschichtenerzähler schwer, einen kohärenten Lebensbogen zwischen patriarchalisch religiösen Gesellschaftsstrukturen der Herkunft und liberal-demokratisch säkularisierten des neuen Lebensumfeldes zu spannen. Die Identitätskrise ist zum Greifen nah, gäbe es nicht, ja gäbe es nicht jenen Rettungsanker, den gerade die westliche Welt durch die Europäische Menschenrechtskonvention zu internationa-

thers Werke in Auswahl, Bd. 3, Bonn 1913, S. 47-68, hier S. 53.

[5] Als Beispiel kann der Verweis auf die genderspezifische Diskriminierung in islamisch geprägten Staaten herangezogen werden, ebenso die entsprechenden autoritären Herrschaftssysteme abseits liberal-demokratischer Werteordnung.

[6] Ernst Bloch, Erbschaft dieser Zeit, Frankfurt/M. 1973, S. 104.

lem Verfassungsrang erhoben hat: Religionsfreiheit![7]

Schwarz auf weiß wird geliefert, was zur Identitätswahrung nötig: die offizielle Erlaubnis Bräuche und Sitten, sprich Moralvorstellungen, öffentlich zu leben und zu unterrichten, sprich in die Zukunft zu tradieren. Es kommt noch besser; denn Religion wird hier nicht nur gleichgesetzt mit Moral, sondern überdies mit dem umfassenden Begriff der Weltanschauung[8]; konzipiert als Prinzip enthoben jedwedem Kontext von Zeit und Raum. Dadurch gewinnt sie den Status institutionalisierten Selbstzwecks, welcher Sinn, Ziel und Motivation seiner Daseinsberechtigung aus sich selbst heraus legitimiert. Dem Gedanken liegt die Auffassung unpolitischer Religionen

---

7 Art. 9 Abs. 1,2 EMRK, in: Europarat (Hrsg.), Europäische Konvention zum Schutz der Menschenrechte und Grundfreiheiten, Rom 04. November 1950, Stand 01.06.2010, online-Ressource, Stand 29.05.2017. http://www.echr.coe.int/Documents/Conv ention_DEU.pdf. Die Schweiz hat die Charta der Europäischen Menschenrechtskonvention am 28. November 1974 ratifiziert ((SR 0.101 AS/RO1974 2151)), Deutschland am 3. Sept. 1953 (BGBl. 1954 II S. 14), Österreich am 3. September 1958.

8 Entsprechend Art. 15 Abs. 1,2,3 der Bundesverfassung der Schweizerischen Eidgenossenschaft, in: Bundesrat (Hrsg.), Bundesverfassung der Schweizerischen Eidgenossenschaft vom 18. April 1999, online-Ressource, Stand 29.05.2017, https://www.admin.ch/opc/de/classified-compilation/19995395/index.html. Ebenso Art. 4 Abs. 1 Grundgesetz der BRD, in: Deutscher Bundestag(Hrsg.), Grundgesetz der Bundesrepublik Deutschland vom 23. Mai 1949, Stand 23.12.2014, online-Ressource, Stand 29.05.2017, https://www.gesetze-im-internet.de/bundesrecht/gg/gesamt.pdf. Mit Beschluss vom 19. Oktober 1971-1BvR 387/65 - BverfGE 32, 98 <106> besitzt der Einzelne das Recht, im Alltag und in seinem gesamten Verhalten die dogmatischen Vorschriften seiner Glaubenslehre vollumfänglich in der Praxis zu leben: Bundesverfassungsgericht (BRD)(Hrsg.), Urteil vom 19.10.1971 - 1 BvR 387/65 - Grundrecht auf Glaubens- und Bekenntnisfreiheit, online-Ressource, Stand 29.05.2017, https://www.jurion.de/urteile/bverfg/1971-10-19/1-bvr-387_65/.

zugrunde, wodurch Religionsfreiheit als Prinzip der Gleichrangigkeit subjektiver Weltanschauungen überhaupt erst möglich wird. Zugleich aber ist die christlich moralisch begründete liberal demokratische soziale Ordnung das Maß des Erlaubten.[9] Kann darin ein Paradoxon gesehen werden?

Nein, sagen die Kosmopoliten. So gibt es sie ja, die eine universelle Moral, die alle anderen zu integrieren vermag; Vereinheitlichung der Vielheit, also das, was man Multi-Kulti nennt unter dem Dach einer supranational-demokratischen Weltordnung. Sie sehen sich als die Modernisierer und betonen ein Höchstmaß an Individualität ohne Ausgrenzung, sprechen von kultureller Freiheit durch offene Grenzen und sehen Zuwanderer als mensch-

---

[9] In Art. 9 Abs. 2 EMRK wird das anfänglich umfassende Recht auf Religionsfreiheit nicht nur den Bedingungen der Normkollision zwischen gleichrangigen Artikeln unterworfen, sondern unter dem Begriff ‚Moral' den Sitten und Bräuchen der Weltanschauung liberaler Demokratien. Dass sich daraus ein Widerspruch ergeben kann, zeigt sich im Urteil des BVerwG der BRD vom 11.09.2013, 6C 25.12. Hier wird der religiös weltanschaulich begründete Anspruch auf Nichtteilnahme einer Muslima am koedukativen Schwimmunterricht im Burkini zurückgewiesen; dies mit der Begründung auf individuelle Entfaltung in einer pluralisierten Gesellschaft: Bundesverwaltungsgericht (BRD), Urteil vom 11.09.2013, 6C 25.12, online-Ressource, Stand 29.05.2017, http://www.bverwg.de/110913U6C25.12.0. Eine argumentative Rechtfertigung durch die gängige Abwägung als Normkollision von Grundrechten greift insofern zu kurz, als die kulturell christlich-humanistische Entstehungsgeschichte der westeuropäischen Verfassungen unberücksichtigt bleibt; die unter den Mitgliedsstaaten des Europarates (in großer Mehrheit christlich geprägt) verbindlichen und von jeder Person einklagbaren Grundrechte der Europäischen Menschenrechtskonvention sind als völkerrechtlich normgebendes Gesamtwerk folglich grundlegender Ausdruck einer religiös-moralischen Weltanschauung.

liche Geschenke[10] mit Blick auf die Realisierung ihrer Gesellschaftsvision. Eine weite Auslegung von Religionsfreiheit ist ihnen eigen, in welcher unter dem Deckmantel des alles entwertenden Einheitswertes ‚Supranation' Burka-Debatten zu „Scheindebatten"[11] marginalisieren und Nationalstaaten zu Anachronismen.

Das ist doch paradox, entgegnen die anderen, die Kommunitaristen, und flüchten hinter die Wagenburg eines heimeligen Regionalismus, in welchem sie das Individuum in ein möglichst homogenes kulturelles Umfeld betten und die Rolle familiären Zusammenhaltes preisen. Sie heben gemeinsame Erfahrungen hervor, die durch unmittelbares Verstehen untereinander die alltägliche Lebenswelt nicht zu einer andauernden Kulturkonferenz mutieren lässt. Religionsfreiheit als umfassendes Recht ist hier kontraproduktiv.

Ja was denn nun? Ist jetzt ein angeordneter Schwimmunterricht für muslimische Mädchen, die vorgeschriebene Handreichung des muslimischen Schulbuben gegenüber der Lehrerin[12], der verbotene Ruf des Muezzins und der

---

[10] Katrin Göring-Eckhardt bei der Aussprache zum EKD-Ratsbericht am 8. Nov. 2016 vor der Synode in Bremen. „Wir kriegen jetzt plötzlich Menschen geschenkt." Zitiert nach idea e.V., evangelische Nachrichtenagentur, Flüchtlinge machen Deutschland religiöser, vielfältiger und jünger, Wetzlar 09.11.2015, online-Ressource, Stand 05.12.2016, http://www.idea.de/gesellschaft/detail/fluechtlinge-machen-deutschland-religioeser-vielfaeltiger-und-juenger-92675.html. Göring-Eckhardt ist Spitzenkandidatin der Partei 'die Grünen' in der deutschen Bundestagswahl 2017.

[11] Thomas Oppermann, in: Tagesschau ARD vom 19.08.2016, online-Ressource, Stand 05.12.2016, https://www.tagesschau.de/inland/berliner-erklaerung-111.html. Oppermann ist Fraktionsvorsitzender der Partei 'SPD' im deutschen Bundestag.

[12] Richtlinie vom 25.05.2016 der Schulbehörde des Kantons Baselland (CH), zitiert nach ‚Deutsche Welle', online-

Burka-Kleidung[13], die Erlaubnis muslimischer und jüdischer Beschneidungspraxis[14] je nachdem kosmopolitischer oder kommunitaristischer (Un)sinn? Von logischen Bedenken einmal abgesehen[15], wären Religionen mit ihren Sitten und Bräuchen, ihrer damit gelehrten jeweiligen Moral, untereinander toleranzfähig in Zeit und Raum, spräche nichts gegen die Parteinahme für die Kosmopoliten. Wie aber sollen Religionen toleranzfähig sein, wenn die Bedeutung des Begriffes ‚Religion' schon nicht konsensfähig ist. Eine allgemeingültige Definition jedenfalls ist bis heute nicht in Sicht, trotz fachübergreifender wis-

---

Ressource, Stand 29.05.2017, http://www.dw.com/de/muslimische-sch%C3%BCler-m%C3%BCssen-lehrerin-die-hand-sch%C3%BCtteln/a-19282739.

[13] Burka-Kleidung: Verboten in Frankreich seit 2011, in den Niederlanden seit 2012, in Österreich seit 2017. Der Europäische Gerichtshof für Menschenrechte in Straßburg beschied diesen Verboten Vereinbarkeit mit den Menschenrechten, EGMR, 01.07.2014 - 43835/11, online-Ressource, Stand 29.05.2017,
http://hudoc.echr.coe.int/eng#{"languageisocode":["FRE"],"appno":["43835/11"],"documentcollectionid2":["GRANDCHAMBER"],"itemid":["001-145240"]}

[14] § 1631 d Abs. 2 BGB erlaubt in Deutschland die nicht ärztlich durchgeführte Beschneidung männlicher Säuglinge durch die Religionsgemeinschaft: Bürgerliches Gesetzbuch (BRD): §1631 d Abs. 2, online-Ressource, Stand 29.05.2017, https://dejure.org/gesetze/BGB.

[15] Logisch philosophisch intendieren die Kosmopoliten eine Supra-Nation mit einer Weltanschauungsordnung, die all jene Weltanschauungsordnungen integriert, die nicht durch Sitte und Moral auf sich selbst verweisen. Eine solche Klassenordnung kann nicht existieren, da sich die übergeordnete Weltanschauungsklasse entweder durch ihre Selbstbezüglichkeit aus der Menge der erlaubten Weltanschauungsordnungen ausschließt oder aber sich bezüglich ihrer Überordnung deklassiert. Eine Annäherung an die Russellsche Antinomie: Gibt es die Klasse aller Klassen, die sich nicht selber enthalten? Verwiesen wird darauf, dass selbst der große Idealist, Aufklärer und Weltbürger Immanuel Kant in seiner Friedensschrift (1795) nicht von der Realisierbarkeit der sozialen Ordnung eines Weltstaates spricht, aber den Friedensschluss zwischen souveränen Staaten betont.

senschaftlicher Anstrengungen.[16] Wie kann sinnvoll Freiheit von beziehungsweise für etwas gewährt werden, von dem man nicht weiß, was gemeint ist? Am besten schafft man sie doch gleich ab, die Religionsfreiheit, im Hinblick auf solche Unwägbarkeiten, zumal die gegen sie gerichteten Gewaltexzesse die ganze Welt terrorisieren. Aber nein, unter den Sachzwängen einer nolens volens global interagierenden Weltgemeinschaft kann der Rettungsanker zur ‚Selbst'erhaltung des kulturellen Systemwanderers nicht einfach über Bord geworfen werden. Sucht man in der Causa ‚Religionsfreiheit' das richtige Urteil von morgen, ist das aus zeitlicher Perspektive gesehene Vorurteil von heute zu hinterfragen und auf seine historischen Kontinuitätslinien und Divergenzen im Vergleich zu den Urteilen unserer Altvorderen zu analysieren.[17]

Es ist also wahr, wäre nicht das Festjahr der Reformation, die Welt müsste sich dennoch ihrer erinnern, nicht als neuer theologisch geführter religiöser Wettstreit, sondern in Erkenntnis eines keineswegs überholten Diskurses um Religionsfreiheit als Identitätsgenerator.

So viel Terror, so viel Uneinigkeit, so viel Verunsicherung, so viele Fragen! Es wird höchste Zeit, dass wir verstehen, was das ‚Fremde' in uns bewirkt, welche Bedeutung es für unser ‚Selbst' hat. Vielleicht kann dieses Handbuch dazu beitragen, hoffentlich!

---

[16] So hebt die substanzialistische Definition auf den im Zentrum stehenden transzendenten Aspekt ab, die funktionalistische/kulturalistische auf die soziologische Bedeutung von Religion und der kulturwissenschaftliche Ansatz auf die Kontingenz des Religionsbegriffes im historischen Kontext.

[17] Hannah Arendt, Was ist Politik?, 4. Aufl., München 2010, S. 79.

Kapitel 1: Glaubensfreiheit kontra Religionsfreiheit zu Beginn der frühen Neuzeit

Englands ‚womanizer' Heinrich VIII. wollte Anne Boleyn und nicht länger die Spanierin. Deshalb war er auf dem Weg zur Konstituierung der Suprematsakte, mit der er die päpstliche Autorität an den Klippen von Dover dem Meeresgrund der englischen Geschichte überantwortete. Immerhin hatte sein Counterpart in Frankreich, Franz I., schon seit 1516 per Konkordat seine Gallische Kirche und ernannte den Klerus kraft eigener Autorität. Außer Frage steht, dass auch die Menschen im Freistaat der Drei Bünde die alleinige Autorität der katholischen Kirche als Glaubens- und Moralinstanz aus den Angeln hoben. Anders als die monarchischen Potentaten gingen sie dabei in medias res und gewährten persönliche Religionsfreiheit. Was steckte dahinter? In anderen Worten, in welchem soziopolitischen Kontext gewann die Idee verfassungsrelevante Realität?

Die Entstehung des Ilanzer Artikelbriefes folgte einer dynamischen Zeitspanne politischer Emanzipation vom Heiligen Römischen Reich deutscher Nation. Mit Ausgang des Calvenkrieges (1499) hatten die Menschen im damaligen Grauen Bund, Zehngerichtenbund und Gotteshausbund eine faktische Trennung erreicht und verfestigten ihre demokratischen Strukturen, mit denen jede Gemeinde ihre politischen Abgeordneten wählte. Jedoch seit nunmehr über zehn Jahren im Besitz ehemals mailändischer Gebiete am oberen Comer See wurden sie Ziel mailändischer Rückeroberungsversuche und gerieten so verstärkt in den Fokus der Auseinandersetzungen zwischen Kaiser, Papst und französischem König. Zugleich schwächten dynastische Familieninteressen und beginnende religiöse Spaltung im Innern ihre außenpolitische Position. Erste Abhilfe schaffte ein Pensionenbrief (1500), ein Versuch, die militärische Macht familiären Eigeninteressen zu entziehen und zentralisiert zu stärken. Die Vertiefung einheitlichen außenpolitischen Wirkens bei gleichzeitig weitgehend regional belassenen politischen Zuständigkeiten manifestierte sich in einem Bundesbrief (1524), der den Zusammenschluss der drei Regionen zum Freistaat der Drei Bünde besiegelte.[18]

Gestützt auf das Wissen um den politischen Kontext lauschen wir im Rathaus dem Fortgang der Debatte und sehen, wie sich dieser politische Entstehungskontext auf die damals konstruierte Beziehung zwischen Religion und Politik auswirkt. Was wurde unter Religionsfreiheit verstanden, wie sie sich auf Grundlage der bündnerischen Proklamation vom März 1526 im Ilanzer Verfassungsakt desselben Jahres inhaltlich konkretisiert?[19]

Stand Religionsfreiheit unter dem Motto, ‚ein jeder lebe wie er will'? Immerhin, im Bistum Chur warf die geistliche Jugend das Joch des Zölibats in aller Öffentlichkeit ab, als einer der ersten Kaplan Johannes Brötli, dessen Ehe ihn den Verlust seiner geistlichen Würden kostete.[20] In-

[18] Bundi, frühe Reformbewegung Graubünden (wie Anm. 1), S. 1-34.

[19] Ilanzer Artikel und Proklamation s. Anm. 2, 3, Auf ein (Vor)wort.

[20] Oskar Vasella, Die ersten Priesterehen seit der Reformation, in: Neue Zürcher Zeitung (NZZG) 1945, Nr. 1835, 4. Dezember 1945.

spiriert durch die Bauernbewegung jener Tage taten es ihm Männer wie der junge Leutepriester aus Trins, Cajakob, später bekannt als Täufer ‚Blaurock'[21], und Kaplan Jakob Vincenz Jos, genannt Barbla, aus Ilanz gleich.[22] Schließlich pflegten als geachtete Bürger schon länger pastorale Seelsorger außereheliche Beziehungen. Hans Conrad, der Pfarrer zu St. Martin in Ilanz und Dekan des Kapitels ob dem Flimserwald, lebte im Konkubinat mit Frau Menga aus Schams, gesegnet nicht nur mit einer reichen Kinderschar, sondern auch mit der, wenn auch bezahlten, Benediktion der heiligen katholischen Kirche.[23] Wurde mit der Religionsfreiheit also eine grundlegende und allgemeine individuelle Entfaltungsmöglichkeit des Einzelnen betont? Mitnichten, denn die Erwachsenentaufe als Ausdruck des Täufertums war von der gewährten Religionsfreiheit ausgeschlossen. Geglaubt werden durfte nur in reformierter oder katholischer Praxis.

Reflektierte sich in der gewährten Religionsfreiheit primär die Trennung von geistlicher und weltlicher Gewalt? Man könnte es meinen. Denn sie erfolgte im Fahrwasser der politischen Entrechtung des Bischofs. Dann aber hätte es die verfassungsgebende Versammlung bei der Zurückdrängung bischöflicher Judikatur und der Eindämmung ökonomischer und sozialer Herrschaftsrechte des Fürstbischofs belassen können. Doch streckt sich der weltliche

---

[21] Oskar Vasella, Von den Anfängen der bündnerischen Täuferbewegung, in: Ursus Brunold/Werner Vogler (Hrsg.), Geistliche und Bauern, Chur 1996, S. 102-121, hier S. 114.

[22] Sebastian Hofmeisters, Akten zum Religionsgespräch in Ilanz, Chur 1904, S. 33f.

[23] Fr. Purtscher, Die Stadtgemeinde Ilanz am Ausgang des Mittelalters, in: Bündner Monatsblatt (BM), Bd. 1922, Heft 9, S. 253-271, hier S. 264. Vasella, bündnerische Täuferbewegung (wie Anm. 21), S. 126.

Obrigkeitsarm auf genuin geistliches Gebiet aus. Ohne kanonische Rechtsgrundlage werden vom Bundesgericht Kirchenseparationen legitimiert. So bestimmt Landrichter Hans von Capaul die Trennung der Nachbarn von Luven von der Mutterkirche St. Martin in Ober-Ilanz.[24] Das gesamte Benefizien-Reservoir des Freistaates einschließlich der Kapitels Pfründe werden bischöflicher Amtsgewalt insoweit entzogen, als nur indigene Geistliche in Betracht kommen. Dieser staatliche Eingriff betrifft selbst das gesamte Domkapitel und, wenn auch nicht expressis verbis, so doch in der Praxis, den Bischof. Über die freie Pfarrerwahl der Gemeinden hinaus übt die weltliche Autorität durch Mitbestimmungsrechte in der kirchlichen Amtsvergabe Einfluss aus auf die Schwerpunktsetzung religiöser Glaubensinhalte und deren Umsetzung in Sitten und Gebräuche. Die Ausübung der Religion unterliegt mithin in einem wesentlichen Bereich weltlicher Kontrolle. In der Folge pointiert Religionsfreiheit im Sinne der 1526er Artikel weniger den Dualismus Weltlichkeit/Geistlichkeit als vielmehr ein hierarchisches Verhältnis zugunsten staatlicher Autorität.[25] Anders als der anglikanische ‚Papstkö-

[24] Adrian Collenberg, Sammlung Schweizerischer Rechtsquellen, Graubünden (SSRQ GR), Bd. III 1.4, Basel 2012, Nr. 606 a, b. Adrian Collenberg, Sammlung Schweizerischer Rechtsquellen, Graubünden (SSRQ GR), Bd. III 1.2, Basel 2012, Nr. 35 Abs. 2.

[25] Anders wird dies gesehen bei Oskar Vasella. Für ihn bleibt die gesamte Fassung des Ilanzer Artikelbriefes von 1526 ausschließlich auf die Trennung von geistlicher und weltlicher Gewalt gerichtet. Der Übergriff in kirchlich religiöse Hoheitsrechte wird von ihm zwar gesehen, den Verfassern aber nur irrationale Gründe wie der Hass auf den ungeliebten Bischof zugestanden. Oskar Vasella, Die bischöfliche Herrschaft in Graubünden und die Bauernartikel von 1526, in: Ursus Brunold/Werner Vogler (Hrsg.), Geistliche und Bauern, Chur 1996, S. 284-369, hier S. 301f. Be-

nig' in Personalunion und der französische ,Investiturherrscher' rangieren die Dreibündner universelles Einheitsdenken aufs Abstellgleis. Im Verständnis der zukünftigen Graubündner folgte aus dem neuen begrenzten Anspruch auf individualisierte geistige Entfaltung jedoch keineswegs der Analogieschluss umfassend gelebten religiösen Individualismus. Religionsfreiheit subsumierten sie nicht unter ein prinzipiell gegebenes ewiges Naturrecht im Namen humanistischer Menschenwürde. Ein Ausflug zu avantgardistischen Pfaden lebensphilosophischer Überlegungen könnte darin gesehen werden. Denn „grau, teurer Freund, ist alle Theorie, und grün des Lebens goldner Baum" (Goethe). Religionsfreiheit wurde in ihrer empirischen Umsetzung unter den Vorbehalt lebenstauglicher Praxis gestellt. Der private Glaube war eine Sache, sein öffentliches Bekenntnis durch Sitte und Brauch und damit sein gesellschaftspolitischer Aspekt eine andere.[26] In diesem Lichte kann auch das Verbot politischer Ämternahme für Geistliche gesehen werden. Die insofern weltlich kontrollierte Religion findet dabei ihre Zuspitzung im be-

---

reits in der Bezeichnung „Bauernartikel" schwingt eine abwertende Konnotation mit.

[26] Dagegen steht die gegenwärtige Definition des Religionsbegriffes. Glaube und sein Bekenntnis werden integrativ verstanden: Matthias Wermke, Kathrin Kunkel-Razum und Werner Scholze-Stubenrecht, Religion, in: Dies. (Hrsg.), Duden, Das Herkunftswörterbuch, Etymologie der deutschen Sprache, Bd. 7, 4. Aufl., Mannheim/Zürich 2007, S. 667f. Religionsphilosophisch sind Religionen generell gemeinschaftlich sinnstiftende auf das Transzendente gerichtete Ordnungssysteme. Clifford Geertz spricht aus anthropologischer Sicht von der religiösen fundamentalen Seinsordnung, «[Religion] formulat[es] conceptions of a general order of existence […]»: Clifford Geertz, Religion as a Cultural System, in: Michael Lambek (Hrsg.), A Reader in the Anthropology of Religion, 2. Aufl., London/NY 2008, S. 57-75, hier S. 63.

schlossenen Prozess der Abschaffung klösterlichen Lebens. Im zentralen Gedanken der politischen Schwächung des Kultus als institutionalisierte Kirche steht sie dem Appenzeller Beschluss diametral entgegen. In jenem nämlich manifestiert sich Religionsfreiheit erstrangig als institutionalisiertes Mehrheitsprinzip der politischen Gemeinden. Religionsfreiheit verbleibt dort behördlich organisiert und damit bleibt der politisch institutionalisierte Charakter der Kirche erhalten.[27]

Im Ilanzer Artikelbrief scheint durch, womit Wilhelm von Ockham als Universalienstreit im Mittelalter eine theologische und philosophische Revolution anbahnte: die Trennung von Glauben und Wissen; denn über abstrakte Universalbegriffe wie ‚Gott' und ‚Dreifaltigkeit' könne man nicht vernünftig, sondern nur gläubig sprechen. Auch käme solchen Allgemeinbegriffen keine ontologische, real fassbare Eigenständigkeit zu. Vielmehr seien sie Zeichensymbole, deren Bedeutung subjektiv situativ variiere. 600 Jahre vor Ferdinand de Saussure, Ludwig Wittgenstein und Claude Lévi-Strauss klingt ein strukturalistisches Verständnis von Wirklichkeit an. Zeichen-Symbole erzeugen eine re-präsentierte Faktizität. Erinnerungskulturell wird die enorme Bedeutung der symbolhaften Wahrheitserzeugung in Jan Assmanns modernem Topos

---

[27] Den Unterschied zwischen gesetzlich institutionalisierter persönlicher Religionsfreiheit bei gleichzeitiger Dekonstruktion der organisierten Kirche einerseits und einer andererseits amtlich zementierten Institutionalisierung der Kirche durch Mehrheitsbeschluss auf kommunaler Ebene beurteilt Florian Hitz als Handhabungsunterschied persönlicher Gewissensfreiheit, da auch im letzteren Falle das Individuum die Freiheit gehabt habe, sich die Gemeinde seiner religiösen Wahl zu suchen. Hitz, Rezension Martin Bundi (wie Anm. 3), S. 85f.

vom ‚kulturellen Gedächtnis' reflektiert, welches durch Ritualisierung und Institutionalisierung elitäres Wissenspotenzial generiert.[28] Das göttlich Numinose wird durch Transformation in menschlich erfahrbare Strukturen und Riten zu vermeintlich empirischem Wissen und als Religion nicht mehr nur geglaubt, sondern zur psychosozialen Realität, pointiert der Kulturethnologe Clifford Geertz die religiös zeichenvermittelte ‚quasi-Faktizität'.[29] Es ist also die genuine Funktion der Religionen, aus sinnstiftenden Jenseitsüberzeugungen durch institutionalisierte Riten und Symbole irdisch intersubjektiv Erfahrbares zu konzipieren. Empirisch generiertes Wissen als objektiv und subjektiv zureichendes Wahrheitsphänomen entfällt aber notwendig aus der Verhandlungsmasse kultureller Vielfalt. Der Kampf um die eine wahre Religion ist das Resultat, ausgetragen mit den Waffen religiöser Symbole als Realitätsgeneratoren. So wie es keine Wissensfreiheit, sondern nur Meinungsfreiheit gibt, so kann es auch keine auf Wissen zielende Religionsfreiheit geben, sondern nur eine, die auf subjektiv zureichenden Glauben verweist, will man die Sinngebung des Lebens auch in Zeiten pluralisierter Gesellschaften ermöglichen und der Kontingenzerfahrung im zeitlichen und räumlichem Kontext Rechnung tragen. Im Gegensatz zu den zeitgenössischen Verfassern übersieht Vasella diesen perspektivischen Ansatz, wenn er die Ilanzer Artikel von 1526 als interessengeleite-

---

[28] Jan Assmann, Das kulturelle Gedächtnis, Schrift, Erinnerung und politische Identität in frühen Hochkulturen, München 1992, S. 54ff.

[29] „[Religiöse Symbole und Riten (E.B.)] seek[...] to create an aura of utter actuality." Geertz, Religion as a Cultural System (wie Anm. 26), S. 70. „[...]clothing those conceptions with [...] an aura of factuality [...]", ebd., S. 68.

te Bauernschläue abwertet, wie er es durch sein Diktum „Bauernartikel"[30] nahelegt. Es entsteht eben kein entscheidender Widerspruch, über die Trennung von geistlicher und weltlicher Macht hinaus, auch in die Sphäre des vermeintlich bloß Religiösen hineinzuwirken. Das Motiv der gewählten demokratischen Repräsentanten auf irrationale Leidenschaft und Hassgefühle gegen den Churer Bischof zu reduzieren, greift zu kurz.[31] Dies zeigt sich gerade in der Rücksichtnahme auf das Kloster Disentis unter Abt Andreas von Falera. Hier manifestiert sich hinsichtlich des damaligen Sinnkonstrukts ‚Religionsfreiheit' kontrastierend zur Europäischen Menschenrechtskonvention eine Umkehr der Beweislast.[32] Nicht der weltlichen Macht oblag es, ihren Eingriff in die Religionsfreiheit durch Beweis politischer Übergriffigkeit religiöser Symbolhandlungen zu rechtfertigen. Umgekehrt wurde der Kreis rund. Religiöse Freiheiten wurden nur dann gewährt, wenn nachweislich das Begehrte in Person oder Symbol keinen politischen Ballast trug. So konnte das Kloster Disentis auf den Beschluss des Bundestags zu Truns vom April 1517 verweisen, durch welchen die Führung des Klosters bereits dem Disentiser Hochgericht unterstellt worden war. In den Ilanzer Artikeln erübrigte sich insofern eine existenzielle Gefährdung des Klosters. Es genügte, den alten Abschied in die Zukunft zu tradieren.[33] Grundsätz-

[30] Vasella, Die bischöfliche Herrschaft in Graubünden (wie Anm. 25), S. 286.
[31] Ebd. S. 301f.
[32] Ebd. S. 302. Vasella sieht in der unterschiedlichen Behandlung klösterlicher Angelegenheiten in den Ilanzer Artikeln von 1526 den Beweis für deren Willkürlichkeit.
[33] P. Adalgott Schumacher, Album Desertinense oder Verzeichnis der Aebte und Religiosen des Benediktiner-Stiftes Di-

lich hingegen symbolisierte insbesondere monastische Lebensführung die mittelalterliche gott- und eben nicht humanistisch menschengewollte Ordnung auf Erden, ein Anspruch der im Kontext außenpolitisch umzingelnder göttlich legitimierter monarchischer Herrschaftssysteme die Insel der Demokratie jederzeit ins Wanken zu bringen vermochte.

Insgesamt kommt in den Ilanzer Artikeln von 1526 Religionsfreiheit als Mittel zum politischen Zweck staatlicher Einheit zum Ausdruck. Im Sinne des Humanismus dient sie der Eindämmung religiöser Zwietracht durch weltliche Dominanz mit dem Ziel der Etablierung einer für die demokratische Einheit notwendigen soziopolitischen Solidargemeinschaft, insbesondere angesichts des Zangengriffs autoritärer Herrscher von Gottes Gnaden. Hier schließt sich der Kreis zur politischen Entstehungsgeschichte. Ein interessantes Ergebnis, denn es heißt nicht weniger, als dass die Religionsfreiheit zu Beginn der Neuzeit aus politischen Motiven institutionalisiert worden ist; ein Indiz dafür, dass eine Menge Politik in Religion steckt. Erreicht wird dieses politische Ziel durch die weltliche Entmachtung des Klerus, die gemeinderechtlich autorisierte Pfarrerwahl, das Mitbestimmungsrecht bei der personellen Ämterbesetzung kirchlicher Mandatsträger, das Verbot der politischen Ämterbesetzung durch Geistliche und insbesondere das Verbot eines religiös totalitär praktizierten Lebens durch die Abschaffung der Klöster und die damit auch ökonomisch initiierte Abschaffung kirchlicher Institutionen, ebenso wie die alleinige Legitimierung

sentis, Eine Festgabe auf die Jubelfeier seines dreizehnhundertjährigen Bestehens 614-1914, Disentis 1914, S. 26f.

des reformierten und katholischen Glaubens.

Der Kontrast zum gegenwärtigen Religionsausübungsverständnis manifestiert sich in einer pragmatischen nicht dogmatischen Interpretation des Begriffes der ‚Religionsfreiheit'. Die 1526er-Religionsfreiheit umfasste keineswegs das Recht, seine religiös-moralischen Überzeugungen vollumfänglich öffentlich zu leben. Der grundsätzlichen Kultusbezogenheit von Religion, durch sittliche Konventionen das Zusammenleben der Menschen zu gestalten, also ihrer über den spirituellen Glauben hinausgehenden prinzipiellen soziopolitischen Bedeutung, wurde Rechnung getragen. Insofern konnte das Wesen des Glaubens hinsichtlich seines Wahrheitsanspruches als objektiv unzureichend heraus- und zugleich die soziale Integrationsfähigkeit pluralisierter Glaubensrichtungen hergestellt werden. Religionsfreiheit wurde also nicht um ihrer selbst willen als Naturrecht institutionalisiert, sondern dem diametral entgegenstehend, der Zurückdrängung des Kultus öffentlich zelebrierter religiöser Praxis wegen. Das frühneuzeitlich anfängliche Sinnkonstrukt schriftlich institutionalisierter Religionsfreiheit zielte nicht auf konfessionelle Parität, nicht auf die Heraushebung der Bedeutung von Religion, sondern auf deren Abschaffung als weltanschaulich, in Sitten und Gebräuchen gelebte soziopolitische Ordnung. Denn die Frage, ob Religionen in der Zielsetzung ihrer Sitten und Bräuche, dem Aufstellen von moralischen Konventionen, politisch sind, wäre damals nicht gestellt worden; die politische Religion offenbarte sich in der tagtäglichen Lebenswirklichkeit der Menschen.

Kapitel 2: Identität und Gesellschaftssysteme

Im dem diesem Kapitel nachfolgenden werden wir an die Handlungs- und Deutungsmuster des Prämonstratenser Abtes Theodul Schlegel aus der frühen Neuzeit die identitätstheoretische Latte des 21. Jahrhunderts anlegen. Dies, obgleich nicht anzunehmen ist, dass jener sein Vorgehen überhaupt unter dem Aspekt der Identitätswahrung reflektiert hat. Die Darstellung seiner Geschichte erfolgt dadurch als Sinnkonstrukt der Gegenwart. Denn bis zum Ende des Mittealters war personale Identität kein Thema. Selbstbewusstsein realisierte sich innerhalb einer gesellschaftlichen Ständestruktur und die war gottgewollt, bedurfte mithin keiner Reflektion. Erst seit die Aufklärung ihre Schatten voraus wirft und im Zuge des Humanismus Bildung in die Wohnzimmer einer numerisch größeren Elite einzieht mit dem Ergebnis größerer sozialer Mobilität, wird Selbstbewusstsein zum geschichtsphilosophischen Thema. „Ich denke, also bin ich", sagt Descartes. Dennoch bleiben im Fortschrittsdeterminismus der Aufklärung das Subjekt und seine Identität als Teil eines absoluten Prinzips begründet. Bei Kant vollendet es sich in der absoluten Vernunft, bei Hegel im Weltgeist. Identität wird also nach wie vor als abgeschlossenes prinzipielles Phänomen verstanden. „Alles fließt", fasste im klassischen Griechenland dagegen Heraklit aus Ephesos seine philosophischen Betrachtungen zusammen. Aber erst an der Schwelle zum aktuellen Jahrtausend erfährt sein Postulat alles Wandelbaren auch für das Phänomen der Identität eine inhaltliche Ausdifferenzierung unter poetologischen

Aspekten mit dem wesentlichen Faktor der Prozesshaftigkeit.[34] Seither ist Identität in aller Munde, bringt sogenannten ‚Rechtspopulisten' Aufschwung, spaltet Gesellschaften im Innern, sät gar Zwietracht in der europäischen Wertegemeinschaft und lässt doch viele Politiker aller Parteien und Staaten im wortreichen Unverständnis zurück. Was ist sie, die Identität, die so viel Macht über den Menschen besitzt, dass die einen sie als kulturellen Rassismus dämonisieren und die anderen sich in Wort und Tat zu ihrem Retter aufschwingen?

Das Folgende soll als Beitrag zum Verständnis des für Migration und Globalisierung grundlegenden Begriffes der ‚Identität' verstanden werden. Gerade in einer komplexen Lebenswirklichkeit unsers ‚Weltdorfes' erscheint das Wissen um den theoretischen Analyserahmen unserer Selbstwahrnehmung das ‚ABC' kultureller Interaktion zu sein. Ängste und Gefühle angesichts des tagtäglich Fremden im wahren Sinne des Wortes auf den Begriff bringen zu können, hilft das Emotionale zu rationalisieren. Soziokulturelle Probleme können so aus dem bedrohlichen Dunkel des Vagen ans klärende Tageslicht gefördert werden. Einmal verstanden, dass Identität Konstruktionsaufgabe eines jeden Subjektes ist und wir alle zur Bewältigung dieser krisenanfälligen Herausforderung denselben erzähl- und gedächtnistheoretischen Rahmenbedingungen unterliegen, mag die Begegnung mit dem anderen statt Befremden ein Lächeln auf unser Gesicht zaubern. Darüber hinaus erlaubt erst das ‚begriff'ene Wesen, auch des Identität-Phänomens, den geeigneten Umgang mit demselben, sei es im Privaten, Nationalen oder Internationa-

[34] Anhang 1, S.86, Soziale Identität im Spiegel der Epochen.

len. Diese Motivation jedenfalls brachte nach langer Überlegung die Entscheidung, ein derart Theorie lastiges Kapitel einzufügen. Seit einem Vierteljahrhundert in gesellschaftswissenschaftlicher Literatur erarbeitet, fanden die erinnerungskulturellen Erkenntnisse um das Phänomen der Identität bislang wenig Eingang in breitenwirksame Medien. Über die Gründe mag an anderer Stelle spekuliert werden oder besser, diese Ausarbeitung versetzt Sie in die Lage, dem erstaunlichen politischen und medialen Informationsdefizit hinsichtlich der kulturwissenschaftlichen Aufarbeitung des für moderne Gesellschaften zentralen Begriffes selbsttätig auf den Grund zu gehen.

Identität als Erzählung

Wer bin ich? Von lateinisch ‚idem' der-, die-, dasselbe wie vor einem Jahr? In der Zwischenzeit bin ich durch Zellteilung nahezu vollständig erneuert, vielleicht hatte ich damals auch eine andere Frisur. Nun, es liegt auf der Hand, ich bin ich, obwohl ich morgen anders bin. Das ‚andere Ich' klingt gehörig nach einem Widerspruch zwischen dem Subjekt und seinen Eigenschaften und damit nach einer Bankrotterklärung des Phänomens der Identität oder zumindest nach der Notwendigkeit psychiatrischer Hilfe. Doch zuvor bevorzugen wir es, mit Descartes Postulat vom denkenden Subjekt philosophischen Erkenntnisgewinn zu Rate zu ziehen. Denken geschieht in Sprache. Wahrnehmung, Informationsverarbeitung, alles basiert auf sprachlichen Strukturen, mithin auch die Wahrnehmung des eigenen Ichs. In anderen Worten, der Mensch kann sich nur in sprachlicher Überformung erfinden. Kluge Menschen wie der französische Philosoph Paul

Ricoeur, der deutsche Philosoph Norbert Meuter oder auch der amerikanische Literaturwissenschaftler Hayden White oder der deutsche Soziologe und Sozialpsychologe Harald Welzer und die amerikanisch beziehungsweise deutsch/amerikanischen Soziologen Peter Berger und Thomas Luckmann untersuchten unter diesen Aspekten die Bedingungen der Möglichkeit von Wirklichkeit und damit auch von Identität neu.[35] Ricoeur spricht vom „Homo narrans"[36]. Als Mensch, der sich erzählt, konstruiert er sein Selbstbewusstsein als retrospektiven Sinnzusammenhang. Sinn aber muss unter sich wandelnden Bedingungen ständig neu angepasst werden. Identität als sinnhaftes Konstrukt wird dadurch zum subjektiv gedeuteten Sinnzusammenhang im jeweiligen Kontext jeweiliger Gegenwarten. Das andere Ich von morgen ist also kein Widerspruch, sondern ganz im Gegenteil Bedingung der Möglichkeit von Identität überhaupt.

Wenn das Ich seine Vergangenheit unter den Bedingungen der Gegenwart immer wieder neu deutet, heißt dies zunächst einmal, dass es sich bei Selbstwahrnehmung um

[35] Paul Ricoeur, Personale und narrative Identität, in: Ders. (Hrsg.), Das Selbst als ein Anderer, München 1996, S. 141-171. Hayden White, Metahistory, die historische Einbildungskraft im 19. Jahrhundert in Europa, Frankfurt/M. 1991. Harald Welzer, Gedächtnis und Erinnerung, in: Friedrich Jaeger/Jörn Rüsen (Hrsg.), Handbuch der Kulturwissenschaften, Themen und Tendenzen, Bd. 3, Stuttgart 2004, S. 155-174. Norbert Meuter, Geschichten erzählen, Geschichten analysieren. Das narrativistische Paradigma in den Kulturwissenschaften, in: Friedrich Jaeger/Jürgen Straub (Hrsg.), Handbuch der Kulturwissenschaften, Paradigmen und Disziplinen, Bd. 2, Stuttgart 2004, S. 140-155. Peter Berger, Thomas Luckmann, Die gesellschaftliche Konstruktion der Wirklichkeit, eine Theorie der Wissenssoziologie, 25. Aufl., Frankfurt/M. 2013.

[36] Paul Ricoeur, „homo narrans", narrative identity, in: Philosophy Today, Bd. 35, S. 73-81.

ein historisches Bewusstsein handelt, nämlich als zeitliche Aufschichtung von Erfahrungen und Erlebnissen, also von Erinnerungen.[37] Identität ist damit ein Erinnerungskonstrukt. Erst rückblickend unter den Bedingungen jeweiliger Gegenwarten erhalten Erlebnisse und Erfahrungen Bedeutung. Man spricht von der Bedeutungskontingenz, also der Zukunftsoffenheit von Erlebnissen und Erfahrungen. Der Mensch kann also zur Aufrechterhaltung seiner notwendig positiv konnotierten sinnhaften Selbstwahrnehmung aus einem Erinnerungspool von Erfahrungen und Erlebnissen stets den Anforderungen entsprechend selektieren, welche und in welcher Beziehung zueinander vergegenwärtigt werden. So wird sich im Bewerbungsgespräch eines Geschichtslehrers der Kandidat nicht seiner kaufmännischen Fähigkeiten rühmen, sondern seinen Lebensweg ausgerichtet auf den gewünschten Sinn am Ende der Erzählung zusammenhängend darstellen. Das wiederum verweist auf vier Merkmale der Identität. Erstens, Identität als Sinnkonstrukt unterliegt einem Kohärenzerfordernis, das heißt, sie ist insofern invariant, als dass die einzelnen Erzählsequenzen nicht widersprüchlich, sondern als Zusammenhang sinnhaft verbleiben. Andererseits und damit zweitens bedarf gerade der Erhalt eines sinnvollen Gesamtzusammenhangs der Modifizierbarkeit einzelner Selektionsrelationen unter sich verändernden Kontextbedingungen. Der Mensch kann nicht nur Geschichtslehrer sein, sondern Vater, Sportler, Pilot oder der Schweizer, Deutscher, Österreicher gleich-

[37] Jürgen Straub, Erzählung, Identität und historisches Bewußtsein, Die psychologische Konstruktion von Zeit und Geschichte. Erinnerung, Geschichte, Identität, Frankfurt/M. 1998, S. 100.

zeitig Europäer. Je nach Zeit und Ort wird er entweder dem einen oder anderen Bedeutung beimessen. Das bedeutet drittens aber auch, die Konversion in der Aktualisierung aus dem Reservoir jener Möglichkeiten erfolgt dabei nur zum Zwecke der Erhaltung des gesamten Sinnkonstrukts als Persönlichkeit, bestehend aus allen Erinnerungsmöglichkeiten; denn jene stehen sich nicht ausschließend, sondern in der Ich-Konstruktion integrativ gegenüber. Das narrative Identitätsverständnis wird insofern einer komplexen Lebenswirklichkeit gerecht. Das vierte Merkmal ist im Hinblick auf Migration von besonderem Gewicht. Denn die Dynamisierung des Identitätskonstrukts entlang kontextueller Erfordernisse kann nur innerhalb gruppenbezogener Konventionen, also Plausibilitäts- und Kausalerwartungen geschehen. Die Darstellung als geeigneter Bewerber um die Position des Geschichtslehrers ist nur dann von Erfolg gekrönt, wenn der Leser die Erzählung als entsprechenden Sinn versteht. Nur wenn beide dieselben Erwartungen an die Ausbildung, Tätigkeit und Funktion eines Geschichtsdozenten teilen, kann der Lebenslauf des Bewerbers sinnhaft verstanden werden. Identitätskonstruktion und -dynamisierung bedürfen mithin gruppenbezogener Verständigungsmuster.[38]

[38] Maurice Halbwachs, Das Gedächtnis und seine sozialen Bedingungen, Berlin/Neuwied 1985, S. 363ff. Meuter, Geschichten erzählen (wie Anm. 35), S. 140-155.

Identität als Erinnerungsprozess

Identität als rückblickendes immer wieder Neusortieren von Erinnerungen geschieht durch Gedächtnisleistung. Nicht neuronalen oder psychologischen Aspekten der Gedächtnisforschung wird hier nachgegangen, obgleich Narration seit der kulturwissenschaftlichen Wende den Rang eines interdisziplinären Grundbegriffes innehat. Dennoch, wir betrachten Identität ja aus soziokultureller Perspektive und wollen uns der inhaltlichen Konkretisierung des Erinnerungskonstrukts auf Basis gruppenbezogener Verständigungsmuster nähern. Am Beispiel unseres Geschichtslehrers haben wir erkannt, es bedarf der Interaktion zwischen individuellem und kollektivem Gedächtnis zur Identitätskonstruktion. In diesem dialogischen Verhältnis wird auf Basis des jeweiligen Zeitgeistes in der Erzählzeit selektiert, welche Erfahrungen und Erlebnisse mit welcher Deutung als für die Zukunft bedeutende Handlungsmuster erinnert werden.[39] In diesem Verhältnis werden Konventionen als verbindliches Moralkorsett aufgestellt – also als gruppenübergreifende und gruppenkonstruierende Erzählung installiert – in deren Bandbreite von Kausal- und Plausibilitätserwartungen sich Sinn überhaupt erst erzeugen lässt. Da das Individuum seine Identität aber durch die Zugehörigkeit zu divergierenden Gruppen generiert – wie beispielsweise als Mitglied in unterschiedlichen Vereinen, Georg Simmel spricht von der „Kreuzung sozialer Kreise“[40] – und sich genau in die-

[39] Astrid Erll, Kollektives Gedächtnis und Erinnerungskulturen, 2. Aufl., Stuttgart/Weimar 2011, S. 175.
[40] Georg Simmel, Soziologie. Untersuchungen über die Formen der Vergesellschaftung, Kapitel VI, Die Kreuzung sozialer Kreise, in: Otthein Rammsted (Hrsg.), Georg Simmel Gesamt-

ser Kreuzung von anderen Identitäten abgrenzt, sind pluralisierte kollektive Gedächtnisformen nebeneinander nötig. Dies ist so lange sozial unproblematisch, wie die gesamtgesellschaftliche Erinnerungskultur den integrativen Rahmen für die Verarbeitung und Deutung aller ihr inhärenten kollektiven – also gruppenbezogenen – Erfahrungshorizonte bietet. Die Gesamtgesellschaft muss deshalb das gesamte Erinnerungsrepertoire aller in ihr existierender Gruppen als Orientierungsnarrativ anbieten. Genau hier ist Identität als sozialkommunikatives Erinnerungskonstrukt fragil. Denn Jan Assmann postuliert ein Konkurrenzverhältnis kollektiver Gedächtnisebenen, die als kommunikative und kulturelle koexistieren. Das kommunikative Gedächtnis, auch Familiengedächtnis genannt, beinhaltet nicht organisierte personen- und alltagsbezogene Erinnerungen von kürzerer Dauer und geringerer allgemeiner Wahrheitserzeugung. Im kulturellen Gedächtnis werden Erinnerungen institutionalisiert und damit dauerhaft als Orientierungsnarrative mit starkem Wahrheitsanspruch tradiert bis hin zur offiziellen Geschichtspolitik einer Nation.[41] Es besteht also eine Hegemonie des kulturellen Gedächtnisses über das kommunikative.[42] Genau dieses konkurrierende Spannungsverhältnis kann ein Gefahrenpotenzial für die Identitätswahrung in der Gegenwart bedeuten; nämlich dann, wenn die lebensweltlichen Erinnerungen, Erfahrungen, Erlebnisse einzelner Familiengedächtnisse im offiziell institutionalisierten Normenkonzept gesamtgesellschaftlicher Erinne-

---

ausgabe, 1. Aufl., Bd. II, Frankfurt/M. 1992, S. 456-511, hier S. 466.

[41] Assmann, Das kulturelle Gedächtnis(wie Anm. 28), S. 56.

[42] Ebd., S. 54f.

rungskultur nicht repräsentiert sind.[43] Ist also der Erinnerungspool einer bestimmten Gruppe gesamtgesellschaftlich nicht institutionalisiert, verliert diese den Konkurrenzkampf um die Wahrheit ihres normativen Orientierungsnarrativs und damit ihr Plausibilisierungsgerüst. Sie verliert den Kampf um die Existenzberechtigung ihres Erinnerungspools. Nicht weniger als der Tod aller in Interaktion mit ihr generierten personalen Identitäten wäre zu beklagen. Eine solche Gruppe muss also versuchen, sich mit ihren lebensweltlichen Erinnerungen – also ihrem moralischen Code – in das kulturelle Gedächtnis einer Gesamtgesellschaft einzuschreiben.[44] Als Beispiel kann die „Islamische Charta"[45] des Zentralrates der Muslime in Deutschland e.V. herangezogen werden. Bereits die Bezeichnung verweist auf den Grundsatzcharakter mit verfassungsmäßigem Anspruch. Gelingt dies, partizipiert sie mit ihrem moralischen Code als institutionalisiertes kulturelles Gedächtnis – und damit auf Augenhöhe mit den entsprechenden anderen – am Wettstreit um die gesellschaftlichen Handlungs- und Deutungsmuster der Zukunft und letztlich am Wettstreit um die offizielle Erinnerungskultur einer Nation. Die Beeinflussung untereinander beruht dabei auf Gegenseitigkeit.[46]

---

[43] Mathias Berek, Kollektives Gedächtnis und die gesellschaftliche Konstruktion der Wirklichkeit, Eine Theorie der Erinnerungskulturen, Wiesbaden 2009, S. 149f.

[44] Konrad H. Jarausch und Martin Sabrow, ‚Meistererzählung' – Zur Karriere eines Begriffs, in: Dies. (Hrsg.), Die historische Meistererzählung, Deutungslinien der deutschen Nationalgeschichte nach 1945, Göttingen 2002, S. 9-32, hier S. 9.

[45] Zentralrat der Muslime in Deutschland e.V. (Hrsg.), Islamische Charta, Berlin 2002, online-Ressource, Stand 29.05.2017, http://zentralrat.de/3035.php.

[46] Jarausch/Sabrow, Meistererzählung (wie Anm. 44), S. 9-32.

Die Bedeutung des narrativen Identitätskonzeptes im Hinblick auf Gesellschaftssysteme

Wie bereits einleitend festgestellt stehen sich Anhänger des Kosmopolitismus und des Kommunitarismus im Streit um die gesellschaftliche Bedeutung von Identität unversöhnlich gegenüber. Anhand unseres narratologischen und gedächtnistheoretischen Analyseinstrumentariums wollen wir uns den Bedingungen der Möglichkeit von personaler Identität und ihrer Bedeutung in den beiden politischen Weltanschauungen nähern.

Der **Kosmopolitismus** will die alles integrierende Supra-Nation. Weg mit dem reaktionären Nationalstaat, denn der ist fremdenfeindlich. Hoch lebe das weltbürgerliche Individuum! Was sagen wir seinen Anhängern aus identitätstheoretischer Perspektive? Wir sagen ihnen erstens, ihr lasst keine gruppenübergreifenden Erzählungen zu, also keine kollektiven Gedächtnisse. Eure Meistererzählung ist die, dass es keine gibt. Die nationalen Verfassungen bedürfen der inhaltlichen Konkretisierungen und reichen als formale Normen nicht aus. So haben wir im Hinblick auf Religionsfreiheit herausgearbeitet, dass deren Interpretation vom soziokulturellen Kontext jeweiliger Zeiten abhängig ist. Damals hatte sie eine andere Bedeutung als heute. Dabei ist nicht die Frage zielführend, ob Religionen politisch sind oder nicht. Will man an einer säkularisierten und pluralistischen Gesellschaft festhalten, gilt es stattdessen im sozialen Diskurs immer wieder neu zu deuten, welche religiösen Symbole, welche religiös begründeten Verhaltensmuster zu einer bestimmten Zeit an einem bestimmten Ort unter bestimmten soziopolitischen Gegebenheiten als politisch übergriffig gesehen werden oder nicht. So standen in Zeiten von Hans Janik die Klöster für eine ständische gottgewollte Gesellschaftsordnung, was zu ihrer Dekonstruktion führte; heute dagegen haftet ihrer Außenwirkung dieser grundsätzliche Bezug nicht mehr an und sie können sich als religiöse Institution entfalten. Fehlen aber derart ausgehandelte gesellschaftsübergreifende Konventionen oder sind alle richtig und keine falsch, dann gibt es auch keinen gruppenübergreifenden Dialog mehr, keine dialogische Verständigungsbasis und mithin kein Plausibilisierungsgerüst innerhalb dessen Identität als „Kreuzung sozialer Kreise" erzählt werden kann. Keiner versteht keinen mehr. Fehlende gruppenübergreifend institutionalisierte Konventionen – nicht nur religiöse – führen zur Entsittlichung und diese letztlich zur Entsolidarisierung. Unter diesem radikal liberalen Paradigma sieht sich der Einzelne mit seinen lebensweltlichen Erinnerungen in keiner gruppenübergreifenden Erinnerungskultur mehr repräsentiert. Er ist in der Rechtfertigung und Plausibilisierung seiner selbst auf sich zurückgeworfen. Er steckt buchstäblich in einer „Individualisierungsfalle"[47]. Es kommt zu isolationistischen Tendenzen im Innern, zu geschlossenen, eben nicht mehr dialogischen, gegenöffentlichen Parallelwelten. Was nicht mehr dialogisch als Wahrheitsdiskurs ausgehandelt werden kann, erhält eine prinzipielle Begründung. Ideelle Weltanschauungsmodelle haben Konjunk-

[47] H.-J. von Wensierski, Mit uns zieht die alte Zeit, Opladen 1994, S. 400. Wensierski spricht von der Gefahr eines Zwanges zur Rechtfertigung vergangener Handlungsmuster unter dem Paradigma einer liberalen Gesellschaft, insbesondere beim Wandel vom Kollektivismus zum Individualismus eines pluralisierten Lebensumfeldes.

tur, seien sie religiös oder politisch motiviert.

Wir sagen den Kosmopoliten zweitens, die Abgrenzung vom anderen ist nicht fremdenfeindlich, sondern wesentlicher Bestandteil der Identitätskonstruktion. Ohne das andere kann es keine divergierenden kollektiven Gedächtnishorizonte geben. Die aber braucht das Individuum zu seiner Selbstwahrnehmung; denn Identität kann sich nur gruppenbezogen konstruieren.

Der **Kommunitarismus** betont Regionalisierung und familiäre Institutionen. Die heimelige Wagenburg braucht hohe Mauern. Denn in jeder sozialen Öffnung zu Außenstehenden fürchten sie die Gefahr der Überfremdung. Was sagen wir jenen? Folgendes: Ihr lasst keine pluralisierten kulturellen Gedächtnisse zu. Das Individuum kann personale Identität nicht mehr durch Zugehörigkeit zu unterschiedlichen Gruppen konstruieren. Übrig bleibt die eine kulturelle Identität als Prägung auf die eine geschützte Gemeinschaft. Genau darin besteht sodann die Gefahr der Überhöhung der eigenen Gruppe in einem chauvinistischen, exklusiven Nationalismus, in welchem gar dem anderen das Existenzrecht abgesprochen werden kann.[48]

Auf den zweiten Blick stehen Überhöhung der Identität und Identität als kultureller Rassismus in ihrem Identitätsverständnis pikanter Weise eng beieinander. Beide zeigen ein rückwärtsgewandtes Identitätsverständnis. Sie sehen Identität nicht als gruppenbezogenes wesentlich prozessuales diskursiv ausgehandeltes Sinnkonstrukt, sondern als ein unbewegliches starres Phänomen. Während sie im Kosmopolitismus dem Indivi-

---

[48] Anhang 2, S. 87, Gesellschaftssysteme aus der Perspektive narrativer Identitätskonstruktion.

duum offenkundig quasi als Naturkonstante zukommt, vollendet sie sich im Kommunitarismus in der Zugehörigkeit zu einer bestimmten Gruppe als kollektive Identität. Ersteres erinnert an das hellenistische Identitätsverständnis als von Natur aus gegebener Telos, als vorgeburtsmäßig integrierter Daseinszweck ohne sozialkommunikative Bedingung. Letzteres erinnert an die mittelalterliche ständische Identitätsrealisierung.[49] In beiden Fällen unterliegt Identität also der Fremdbestimmung und nicht der Selbstbestimmung. Auch wird beidseitig das andere als konstitutiver Faktor für das Eigene negiert. Der Kosmopolitismus leugnet die notwendige Abgrenzung vom anderen, der Kommunitarismus respektiert das andere nicht auf Augenhöhe. Ob durch die Eliminierung jedweder Meistererzählungen oder durch deren exklusive Singularisierung, in jedem Fall bedeutet es den Tod personaler Identität.

Welches Fazit können wir ziehen für ein Gesellschaftssystem, das personale Sinnstiftung ermöglicht? Weder grenzenlose Integration noch übersteigerte kulturelle Exklusion ermöglichen selbstbestimmte Lebensgestaltung. Im prozessualen Spannungsverhältnis zwischen konkurrierenden kollektiven Gedächtnissen bedarf es einer ausgeglichenen Balance. Gefahr für diese droht auf zweifache Weise: sei es dadurch, dass die Bedeutung der einzelnen gruppenbezogenen Erzählungen aufgrund ihrer numerischen Anzahl marginalisiert und der einzelne sich in einer dann notwendigen inhaltlich nihilistischen offiziellen Meistererzählung nicht wieder-

[49] Anhang 1, Soziale Identität im Spiegel der Epochen (wie Anm. 34).

findet; sei es durch die Hegemonie eines exklusiven kulturellen Gedächtnisses gegenüber anderen mit der Folge einer zu starken Begrenzung pluralistischer Erzählungen, die dem Individuum eine „Kreuzung sozialer Kreise" nicht ermöglicht. Beides verhindert die Herausbildung von Persönlichkeit. Selbstentfremdung wiederum kann zum Nährboden sozialer Verrohung werden. Genau dies bemängelt der deutsche Innenminister und beklagt, es sei eine „besorgniserregende"[50] Verrohung der Gesellschaft zu erkennen, es sei gesellschaftlich „etwas ins Rutschen geraten"[51]. Erinnerungskulturell lässt sich seine Befürchtung konkretisieren. Durch starke unkontrollierte kulturelle Migration stehen einem nationalen kulturell institutionalisierten Gedächtnis in kurzer Zeit viele darin nicht enthaltene kommunikative gegenüber. Es besteht kein integrativ gesamtgesellschaftlicher Rahmen, kein ausgeglichenes Spannungsverhältnis im Prozess der kommunikativen und kulturellen Gedächtnisbildung. Die familiären Erinnerungshorizonte drohen ihre Existenzberechtigung zu verlieren, den Kampf um die Wahrheit ihres Orientierungsnarrativs. Zugleich bedeutet die enorme Pluralisierung sich deshalb kulturell organisierender Gruppen einen signifikanten Bedeutungsverlust der einzelnen Erzählung in einer notwendig alles entwertenden gesamtgesellschaftlichen Anti-Normenkultur. Durch deren inhaltliches Defizit ist jede Gruppe auf sich selbst verwiesen. Das

---

[50] Thomas de Maizière zitiert nach Dpa, Deutlich mehr Gewaltdelikte, in: Badische Zeitung (BZ) v. 25. April 2017, online-Ressource, Stand 30.05.2017, http://www.badische-zeitung.de/deutschland-1/deutlich-mehr-gewaltdelikte--135999370.html. Thomas de Maizière ist der amtierende deutsche Innenminister (CDU).

[51] Ebd.

Fehlen übergreifender gemeinsamer Sitten als kommunizierende Röhren führt zur Entstehung dialogferner Parallelgesellschaften; die Gesellschaft entsolidarisiert sich.

Aber nicht nur unbegrenzte kulturelle Migration kann eine Gesellschaft um die erinnerungskulturelle Balance bringen. Die ökonomisch und politisch – im Sinne von Max Webers „protestantische[r] Ethik" auch religiös – gewollte Zurückdrängung der Bedeutung familiärer und generell privater Lebenswelten, die einseitige offizielle Fokussierung beruflicher Tätigkeit als vermeintlich einzige, zumindest aber Hauptquelle der Persönlichkeitsbildung senkt die Waage zu Gunsten eines uniformierten Moralkodex, der eine notwendige diskursive Interaktion zwischen verschiedenen Lebensentwürfen – also verschiedenen gruppenbezogenen Erzählungen – konterkariert und vielleicht sogar glaubt, unter dieser moralischen Keule alle kulturellen Unterschiede nivellieren zu können; dies in Zeiten, in denen die Vernetzung der digitalen Welt mit Roboterisierung als Charakteristikum der Industrie und Gesellschaft 4.0 eine soziopolitische Neuorientierung jenseits von lohnabhängiger Vollbeschäftigung erfordert. In die Zange genommen durch einen solchen Zweifrontenangriff auf seine Identitätswahrung kündigt möglicherweise das Individuum den Gesellschaftsvertrag und ersetzt die fehlende Möglichkeit ausgeglichener diskursiver Interaktion zwischen kollektiven Gedächtnishorizonten durch Selbstüberhöhung oder Rückzug in einen geschlossenen sozialen Verband.

Die Tendenz zur Moralisierung existenzsichernder Arbeit am Vorabend der bereits heute absehbaren Zukunft jenseits eines lohnabhängigen Berufslebens blockiert die stattdessen in hohem Maße notwendige Fähigkeit, sein Leben selbstbestimmt mit Sinn zu füllen. Durch diese politische Unterlassungssünde, vielmehr zur Schließung jener Lücke, erscheint es möglich, dass religiöse Meistererzählungen einem neuen Hype entgegensehen.[52] Umso wichtiger ist ein gruppenübergreifender Diskurs über die Gestaltung religiösen Lebens in der Öffentlichkeit, will man ein gesellschaftliches Chaos durch frühzeitige Gestaltung der neuen Gesellschaft 4.0 verhindern. Denn Meistererzählungen verlieren in Zeiten starker Pluralisierung oder Uniformierung nur vermeintlich an Bedeutung; dies angesichts einer nicht pathologischen, sondern unerlässlich wesentlichen Aufgabe des Subjektes, sein Leben mit Sinn zu füllen. Denn dabei verbleibt erzählter Sinn grundlegend auf den gruppenbezogenen Diskurs angewiesen; der sozialkommunikative Prozess beginnt erneut auf der Suche nach der richtigen Balance im dialogischen Spannungsfeld kollektiver Verständigungsmuster.[53] Dies erkennend liegt es an uns, die Dynamik der Gangart in die globalisierte digital vernetzte roboterisierte Gesellschaft von morgen zu gestalten. Hans Janik aus Ilanz im heutigen Schweizer Graubünden und seine Mitstreiter haben es mit den Ilanzer Artikeln an der historischen Wegscheide zur neuen Zeit wegweisend begonnen.

[52] Verwiesen wird hier auf die Ausführungen im Kapitel 3, S. 74-79, dieser Studie: Tendenzen gegenwärtiger Erzählungen im Prozess der Identitätswahrung angesichts starker Zuwanderung aus islamisch geprägten Kulturen.

[53] Anhang 3, S. 88, Parallelen im Verständnis von Identität als kultureller Rassismus einerseits und ihrer Überhöhung andererseits.

Kapitel 3: Der identitätsgebrochene Globalisierungsverlierer – Die Akte Abt Theodul Schlegel

Bis heute ist einer der spektakulärsten Justizskandale der frühen Neuzeit ungeklärt. Verifiziert sich im Inquisitionsprozess gegen Abt Theodul Schlegel das Gedankengut der Ilanzer Sinnkonstruktion von Religionsfreiheit?[54] Zeigt sich hier tatsächlich eine im Zuge religiös-kultureller Pluralisierung intensivierte Politisierung der Religionen ausgetragen im Kampf um den religiösen Kultus mit seiner durch Sitte und Brauch lebensbestimmenden Autoritätsfunktion und wenn ja, mit welchen Auswirkungen auf die Identitätskonstruktion?

Verständnis für Vergangenes erfordert vor der Analyse Vergegenwärtigung. Unser Vergangenheitsexpress ist fort. Deshalb beamen wir dieses Mal den Zeitgeist der Anklageerhebung mittels einer Romanszene in unsere moderne Welt. Wo immer Sie diese Zeilen lesen, schnallen Sie sich an! Denn mit der Geschichte rütteln Eruptio-

[54] Mit der Form der Strafprozesse in den Drei Bünden beschäftigt sich eingehend M. Valer. Er sieht den Prozess gegen Abt Theodul Schlegel in der Tradition der Inquisition stehen; denn es tagte das Malefizgericht der Stadt Chur unter Federführung der Stadt in der Anklage. Ein Beweis für unparteiische Rechtsprecher aus dem Bund ist bis heute nicht erbracht. M. Valer, Die Bestrafung von Staatsvergehen in der Republik der drei Bünde, Chur 1904, S. 53, 146, 148, 150. Zugleich sei ein solches Verfahren bei Staatsvergehen aber gängige Praxis gewesen mangels eindeutiger Regelung im Bundesbrief. Von einem ‚Strafgericht‘ werde offiziell erst seit 1570 gesprochen. Ebd., S. 53, 147. Einen detaillierten historiographischen Überblick über die Literatur zum Prozess gibt Vasella, Abt Theodul Schlegel (wie Anm. 1), S. 277-300.

nen einer Zeitenwende am vermeintlich sicheren Hort Ihrer Gegenwart; ein polternder Fingerzeig aus einer kalten vorweihnachtlichen Winternacht des Jahres 1528!

Das Geheimnis des Ordensbruders – eine Romanszene

Die Konturen seines Gegenübers zerflossen im Dunkel der Nacht. Gerade einmal auf Armeslänge stand die Gestalt von ihm entfernt und doch wirkte sie wie aus nebelhafter Vorzeit. Die weiße Wolle des Habits verschmolz mit der farblosen Blässe von Gesicht und Händen und verlieh der Statur im Schleier grauer Finsternis die schemenhafte Aura der Vergänglichkeit. Rhythmische Stöße seines Holzstabes durchrissen die finstere Stille, als wären sie geschaffen, ihren Herrn zu bewahren vom endgültigen Entgleiten, ihn festzuhalten im Hier und Jetzt.

„Die Welt ist aus den Fugen."

Hans Janik erschrak. Nicht wegen der schneidenden Stimme, sondern weil er fürchtete, der Mann Gottes habe seine Gedanken erraten. Räuspernd riss er sich zusammen und erhob sich vom Fels, gegen den er gelehnt hatte. Über siebzig Jahre weilte er nun schon auf dieser Erde, hatte die Geschicke seines Landes in den letzten Jahrzehnten mehr als einmal in brenzliger Lage geführt, ihm gar im Krieg gegen den Kaiser aus österreichischem Hause zu Eigenständigkeit verholfen. Energisch straffte der Altlandrichter seinen Körper. Heute waren die einzelnen Bünde Alt Fry Rätiens geeint als souveräner Drei-Bünde-Freistaat – jedenfalls realiter – und er hatte daran maßgeblichen Anteil. Auf seine alten Tage sollte er nicht in jene Mystik verfallen, die er Zeit seines Lebens auf die Füße der erfassbaren Wirklichkeit gestellt hatte.

„Nein, ehrwürdiger Herr Abt, die Welt, sie schreitet nur voran in der Zeit. Ihr müsst es doch am besten wissen, die Ewigkeit ist Gott vorbehalten."

„Das gibt Euch das Recht, sich von ihm abzuwenden und der Ketzerei Luthers und Zwinglis Vorschub zu leisten? Johannes Comander ist Zwinglis Mann in Chur, der Rat hat ihn zum Stadtpfarrer gemacht und jetzt trachtet er mir nach dem Leben."

„Nun, nun! Nicht nach Eurem Leben, nach Eurer Messe trachtet er, so wie Ihr nach seiner Predigt. Wenn ich mich recht erinnere, seid Ihr es gewesen, der ihn wegen Häresie vor Gericht gebracht hat mit dem Begehr, ihn zu verbannen."

„Ja, und Euresgleichen hat ihn laufen lassen! Er predigt Teufels Werk. In Zürich hat Zwingli einen, der sich auf seine Lehre beruft und deshalb die Bibel nach eigenem Gutdünken auslegt, in der Limmat ersäuft. Eine Lehre, die ihre Schüler tötet, kommt nicht von Gott."

War der Mann noch bei Sinnen? Was hatte den Priester geritten, ihn zur Mitternachtsstunde hierher zu bestellen? Vom St. Luzi Kloster in Chur bedurfte es für einen ungeübten Reiter wie den Abt eines ganzen Tagesrittes in die hiesige Verlassenheit. Abrupt zurrte Janik das graue Wolltuch fest um seinen Hals. Eiseskälte fuhr ihm in die Glieder. Kaum mehr waren seine Zehen im genagelten Holzschutz zu spüren, welchen er seinem gefütterten Lederpaar aus Angst vor nächtlichem Diebesgesindel vorgezogen hatte. Wütend zog der alte Mann die Kapuze vom Kopf. Vielleicht hatte der Winter Erbarmen und ließ seine Gedanken erstarren. Doch stattdessen trieb ihm ein Blick in die zornigen

Augen Theodul Schlegels heiße Schauer über den Rücken. Jäh wandte er sich ab und ging hinüber zum Ochsengespann. Womöglich hoffte er, die Dumpfheit der Tiere griffe auf ihn über. Denn dass es kein theologischer Disput war, dessentwegen der Klosterbruder ihn dieser Winterhölle aussetzte, daran hatte der erfahrene Politiker aus Ilanz keinerlei Zweifel. Warum war er dem Ersuchen des Abtes nur nachgekommen? Janik lauschte der quirligen Welt verspielter Wasserhauben, die von Ilanz gen Castrisch der gefrierenden Kaltherzigkeit nach St. Andreas den Sieg streitig machten und das Wasser des Rheins in Bewegung hielten. Bewegung, das war das Stichwort. Wenn seine Lebenserfahrung dem Jüngeren etwas voraushatte, dann, dass es zwecklos war, sich gegen die Zeit zu stellen. Alles war geworden, würde vergehen und gleichzeitig Neues hervorbringen. Er wusste, warum er gekommen war. Es galt, das Alte mit dem Neuen zu versöhnen, damit kein Blut den unausweichlichen Übergang tränkte, vor allen Dingen nicht das seines einstigen Weggefährten. Wie oft hatten sie gemeinsam Erasmus' Werk ‚Vom freien Willen' studiert. Selbst ein Abzug des noch unveröffentlichten Werkes von Machiavellis ‚Der Fürst' hatten sie sich unter größten Schwierigkeiten besorgt. Die darin vermittelte Erkenntnis, dass göttliche Fürstenherrschaft in ihrer irdischen Dauer zutiefst von menschlichen Fähigkeiten abhing, hatte seinen Vertrauten damals eher zum Nachdenken denn in Rage gebracht. Unmerklich schüttelte der Altlandrichter den Kopf. Wieso nur erfüllten die Sitten der Neugläubigen diesen brillanten Denker heute mit solchem Ingrimm denn mit kluger Weitsicht? Wie kein zweiter unter den Geistlichen hatte sein klösterlicher Freund in Chur die Frucht der Gelehrsamkeit gesät, nun konnte er die Ernte doch nicht verdammen. Ein tiefer Seufzer entrang sich seiner Brust. Es war wie verhext. Dem theologischen Gefecht gingen weder Schlegel noch Comander aus dem Weg. Aber wenn es darum ging, das Gesprochene als Sitte und Brauch mit Leben zu füllen, überflügelte Intrige das Wort auf beiden Seiten. Aufkommender Wind zerrte an seinen Kleidern und vertrieb die Nebelschwaden. Hatte dessen Geheul die Laute verdreht, die er jetzt vernahm? Ruckartig drehte sich Janik um. Doch der Priester stand unbewegt. Starr trotzte er Wind und Wetter. Einzig die Hände, mit denen er einen Trichter um seinen Mund formte, als seine Botschaft erneut durch die Nacht hallte, verrieten Erregung. Er hatte sich nicht verhört. Nichts anderes als die Rücknahme religiöser Wahlfreiheit forderte der Papstmann die Rücknahme der Ilanzer Artikel.

„Ihr müsst Euch arrangieren, Herr Abt, um Euretwillen. Was die einen in der Limmat, treiben Euresgleichen in unseren Untertanenlanden. Dort lassen die Katholischen die Neugläubigen als Ketzer hinrichten. Wer einen freien Willen hat, der darf sich auch entscheiden. Solange noch viele Eurer Klöster das nicht einsehen und lieber auf ihren Zehnten dringen, können wir sie nicht dulden. Es nimmt nicht Wunder, dass die Reformierten in Chur dem Rat näher stehen als die Päpstlichen. Der Bischof hat abgewirtschaftet. Die Drei Bünde wollen nicht die Herrschaft des Bischofs, sondern seine Seelsorge."

Einen Moment lang hielt er inne, denn er ahnte, dass dies nur die halbe Wahrheit war. In Zürich schwang sich Zwingli zum obersten Berater der städtischen Regierung auf. Womöglich unterwanderte ja der verdeckte Machtanspruch jener neuen Religiösen irgendwann abermals die hart errun-

gene Herrschaft der Menschen über sich selbst. Ein kurzer Nasenbläser bezeugte sein Unverständnis. Darüber sollten hitzige Debatten geführt werden. Vorerst jedenfalls waren sie gezwungen, sich gegen die alte Kirche zu wenden, deren Mann auf dem Heiligen Stuhl einer Ordnung, die sich die Menschen in Alt Fry Rätien selbst gegeben hatten, für die er mit Herzensblut gekämpft hatte, seinen Segen verweigerte. Janik besann sich, hier ging es um einen Freund, den er nicht verlieren wollte. Beschwörend reckte er seine verschränkten Hände weit nach vorn.

„Habt ein Einsehen! Auch wenn anders als im reformierten Zürich bei Chur die Berge in den Himmel wachsen, kann Eure Kirche nicht die alleinige Lehrautorität einfordern. Fern von hier ist mitten im Ozean eine neue Welt entdeckt worden, überall in den großen Städten verbreiten Druckerpressen das Wissen der Weisesten in alle Erdteile. Bald werden die Bauern lesen können. Ihr könnt die Zeit nicht zurückdrehen."

Als wollte er die Welt für ihre Selbstherrlichkeit bestrafen, traktierte der Geistliche die Erde erneut mit seinem Stab.

„Belesen oder nicht, der Mensch ist und bleibt in Sünde geboren. Wer sein Wissen gegen Gottes Offenbarung richtet, paktiert mit Satan. Die Ilanzer Artikel, sie sind Euer Werk, Hans Janik! Dank Eurer Schliche und Findigkeit hat es Euer Sohn vollbracht. Nicht nur ihn, ein ganzes Volk habt Ihr hinabgestoßen in die Glut der Hölle. Ein letztes Mal fordere ich Euch auf, kehrt um und beendet die Häresie! Nutzt Euer diplomatisches Geschick, Gottes Weltenordnung rechtmäßige Geltung zu verschaffen!"

Immer heftiger steigerte sich der Abt in seine Wut. Wild fuchtelnd drangsalierte das hölzerne Signum jenseitiger

Machtbefugnis die diesseitige Hülle der Erde. Einmal noch setzte Janik die Kraft des gesunden Menschenverstandes gegen göttliches Dogma.

„Ihr wisst, dass ich das nicht kann und nicht will. In Kürze stehen vielleicht die Türken vor Wien. Auch sie beanspruchen, im Besitz göttlicher Wahrheit zu sein. Heute ist nur der Anfang. In Zukunft werden die Menschen glauben können, was sie wollen, aber nicht alles tun, was sie glauben."

Es war sinnlos. Wo einst befruchtendes Für und Wider eine Freundschaft besiegelt hatte, klaffte jetzt ein stegloser Abgrund zur Vorwelt. Der Gefährte von einst hatte ihm gar nicht zugehört. Wie Donnerhall überschlugen sich die Wortfetzen zu unverständlichem Buchstabengewirr. Resigniert stieg Janik auf den Bock des Karrens. Der Weg seines Freundes war nicht mehr der seine. Ein anderer müsste ihm heimleuchten.

„Ich werde Mittel und Wege finden ..."

Im Winde verwehten die restlichen Laute zu Schall und Rauch. Einzig das Poltern des Krummstabes verfolgte ihn. Doch es flog an ihm vorbei mit unbekanntem Ziel. Ein letztes Mal drehte sich Janik dem einstigen Gefährten zu. Aus der Ferne verlor sich die Gestalt in einer unwirklichen Szenerie. Müde erhob der alte Landrichter sein Haupt zum Himmel. Narrte ihn die Schwärze der Nacht? Direkt hinter dem Abt breitete ein felsiger Engel seine steinernen Flügel aus, als wolle er auf diesen den Mann zu seinen Füßen hinfort tragen aus einer Welt, die ihn zerbrochen hatte. Der alte Landrichter schluckte beklommen. War das seines Freundes Weg?

Erzählmuster der Identitätswahrung im kulturellen Globalisierungsprozess der Reformation

Folgendes berichten die Chronisten: An einem Samstag im frühen Januar 1529 verlor der Prämonstratenser Abt Theodul Schlegel sein Leben, gefoltert und hingerichtet durch den Scharfrichter. Die Anklage des Churer Stadtrates lautete auf Landesverrat. Tatvorwurf: Beteiligung an einem Putsch zur gewaltsamen Neubesetzung des Bischofsstuhles mit Gian Angelo de Medici, der spätere Papst Pius IV.[55] War es jener Plan, der in der Nacht nach St. Andreas zwischen Chur und Ilanz zu Füßen des Felsenengels ungehört im Winde verhallte?

Die empirischen Kriminalmethoden der Moderne werden das Geheimnis des Klostermannes nicht aufdecken. Gedanken verraten sich nicht durch DNA. Oskar Vasella versucht es mit historistischem Geschütz und klopft die politischen Tatumstände daraufhin ab, wie es wirklich gewesen ist. Mit jenem objektivistischen Erkenntnisziel wagt er sich an die Frage bewiesener individueller Schuld oder Unschuld heran und tendiert zu letzterem[56]; Schlegel sei das Opfer eines Konglomerats neugläubig politisch motivierter Denunziation in einer Rachejustiz.[57] Doch die

[55] Eine profunde und kurze Zusammenfassung der Details zur Durchführung des geplanten Putsches gibt M. Valer mit Bezug auf Ulrich Campell, reformierter Pfarrer in Klosters, Susch, Chur und Tschlin zwischen 1548 bis 1582. Valer, Die Bestrafung von Staatsvergehen (wie Anm. 54), S. 145f. Als ‚Trojanisches Pferd' sollte eine Brautsänfte dienen, die dem illegitimen Anwärter auf den Churer Bischofsstuhl unbemerkt Zutritt zum bischöflichen Hof ermöglicht hätte. Dazu angesetzt gewesen sei die Brautfahrt der Schwester des Kastellans von Musso, die den Sohn des kaiserlichen Heerführers Mark Sittich von Hohenems heiratet.

[56] Vasella, Abt Theodul Schlegel (wie Anm. 1), S. 321.

[57] Ebd., S. 268.

Forschung nach dem Äußeren ohne auf das Innere des sozialen Akteurs zu achten, ist keine runde Sache. In der Verklammerung wird ein Schuh daraus. Lassen Sie uns den Fall deshalb aus identitätstheoretischem Blickwinkel neu aufrollen, wobei am Ende nicht eindeutige juristische Klärung, sondern im Hinblick auf unsere Eingangsfrage das vertiefte Verständnis eines möglichen Motivs stehen kann, welches Rückschlüsse auf das Narrativ der Bewusstseinswahrung erlaubt. Es müsste schon ein substanzieller Eigensinn sein, der den kirchlichen Würdenträger dazu verleitet hätte, sich unter Lebensgefahr der weltlichen Obrigkeit entgegenzustellen. Eine handfeste Identitätskrise also, die durch Verwirklichung jenes Komplotts hätte geheilt werden können?[58] Ein Blick hinter die ge-

[58] Auf Grundlage des westlich kulturellen Menschenbildes wird Kontinuität im prozesshaften Wandel der Persönlichkeitskonstruktion vorausgesetzt. Aleida Assmann, Kulturen der Identität. Kulturen der Verwandlung, in: Dies./Jan Assmann (Hrsg.), Verwandlungen, Archäologie der literarischen Kommunikation IX, München 2006, S. 25-45, hier S. 25, 39. Nach Paul Ricoeur werden der Identitätskonstanten selbstwahrende wandelbare Anpassungseigenschaften zugesprochen im Dialog mit dem jeweiligen politischen und moralischen Zeitgeist. Ricoeur, Personale und narrative Identität (wie Anm. 35), S. 11, 151. Das Problem der personalen Identität im Anschluss an Ernst Tugendhat, Niklas Luhmann und Paul Ricoeur, Stuttgart 1995, S. 10. Positiv konnotierte Selbstvergewisserung erfordert in Auseinandersetzung mit einem gewandelten offiziellen normativen Gesellschaftsnarrativ lebensgeschichtliche Legitimierungsstrategien; dies auf einer Skala der Annäherungs- oder Distanzierungserzählung. Als sozialkommunikatives Konstrukt ist Identität damit nicht faktisch, sondern sinnhaft und insofern nicht allgemeingültig, sondern interpretativ plausibel darstellbar. Der ethische Dualismus schuldig oder nicht schuldig wird mit diesem kulturwissenschaftlichen Ansatz vor die normativen Schranken einer Rechtsprechung in der Zeit verwiesen. Stattdessen wenden wir uns Theodul Schlegel als Mensch zu, der in seiner Lebensgeschichte Erlebnisse und Erfahrungen rückblickend deuten und zu Sinn verarbeiten muss. In anderen Worten, wir untersuchen seine gegenwartsabhängigen er-

nauen Umstände des Ränkeplans vor seiner außen- und innenpolitischen Kulisse tut Not, damit sich eine gegebene Interessenkonstellation offenbart.

Es tobte der habsburgisch-französische Konflikt um die Vorherrschaft in Italien. Durch den 2. Ilanzer Artikelbrief mit der Aushöhlung ständischer Privilegien sah sich Österreich im Nervenkrieg mit der entstehenden Liga von Cognac (1526) bei den Drei Bünden gegenüber Frankreich ins Hintertreffen gedrängt. Durch die rätischen Pässe stand dem Bündnispartner Frankreich das Tor nach Italien weit offen. Es galt, die Allianz zu schwächen, was mit der Gefangennahme des Papstes durch kaiserliche Truppen im Zuge des ‚Sacco di Roma' (1527) gelang. Nicht nur die päpstliche Partei, sondern ebenso der bisherige Oberbefehlshaber der Liga von Cognac der Kastellan von Musso alias ‚der Müsser', Nachbar der Drei Bünde am Comersee, wechselten ins kaiserliche Zeltlager. Zudem standen dem Einigungswerk der Drei Bünde religiös politische Fliehkräfte im Innern gegenüber, die nicht nur die junge politische Einheit bedrohten, sondern einige Jahre zuvor während des ‚1. Müsserkrieges' zum Verlust der Drei Pleven an den Kastellan von Musso geführt hatten und beinahe auch zur militärischen Einbuße des geostrategisch so bedeutenden Passlandes Veltlin. Katholische und reformierte Weltanschauungsmodelle standen sich unversöhnlich gegenüber, die sich zudem in eigenstaatlich demokratische, österreichische und französische Parteinahme differenzierten.

---

innerungsordnenden Dynamisierungsstrategien zur Stabilisierung eines kohärenten und konsistenten roten Fadens in der Selbstbehauptung über politische und sozioökonomische Umweltbrüche hinweg.

Im Hinblick auf diesen außen- und innenpolitischen Kontext ist die Versippung des Prämonstratenser Abtes zu St. Luzi in Chur hochinteressant. Väterlicherseits blutsverwandt mit den französisch gesinnten Beelis, Cousin der Brüder Georg (Jörg) Beeli, der als Landammann von Davos den 1. Ilanzer Artikelbrief für den Zehngerichtenbund unterzeichnete, und Batt Beeli, Schwager des Täufervaters Konrad Grebel.[59] Über die Beelis existieren familiäre Bande zu Joachim von Watt alias ‚Vadian' der bekannte Humanist und Reformator in St. Gallen, ebenfalls ein Schwager des Konrad Grebel.[60] Kognatische Beziehungen lassen sich überdies zur bischöflichen Ministerialen Familie der Schuler von Castelmur aus Domleschg nachweisen, in welche der Großvater der Beeli-Brüder eingeheiratet hat.[61] Es besteht also eine familiäre Nähe zu Gubert von Castelmur, von denen kein Geringerer als der Augenzeuge Johann Travers berichtet, er sei während des 1. Müsserkrieges zum feindlichen Kastellan von Musso übergelaufen.[62] In diesem Lichte kommt möglicherweise der Tatsache Bedeutung zu, dass die mütterliche Ver-

---

[59] Carl Keller-Escher, Die Familie Grebel, Blätter aus ihrer Geschichte, gesammelt zur Erinnerung an die am 27. Okt. 1386 erfolgte Einbürgerung zu Zürich, Frauenfeld 1884, S. 57, Tafel VII. C. F. Lendorff (Hrsg.) Beeli v. Belfort, in: Schweizerisches Geschlechterbuch, Bd. 2, Basel 1906, S. 33-46, hier S. 37. Vasella, Abt Theodul Schlegel (wie Anm. 1), S. 5-8.

[60] Christian Sieber, Vadian, Joachim, in: Historisches Lexikon der Schweiz (HLS), online Version, Stand 02.02.2017, http://www.hls-dhs-dss.ch/textes/d/D12383.php.

[61] Lendorff, Beeli v. Belfort, (wie Anm. 59), S. 35.

[62] Johann Travers, Das Lied vom Kriege des Schlosses Musso, in: Alfons v. Flugi (Hrsg.) Historische Gedichte in ladinischer Sprache aus dem 16. und 17. Jahrhundert übersetzt von Alfons v. Flugi, Chur 1865, S. 42-54, hier S. 44. Johann Travers war als Landeshauptmann der berühmte Verteidiger des Veltlin im 1. Müsserkrieg.

wandtschaft erst nach dem Tode des Abtes aus dem Verborgenen tritt: Anna Schuler aus Feldkirch im Vorarlberg, die als junge Witwe eine zweite Ehe mit einem Ulrich Gams eingegangen ist.[63] Wir haben es also mit einem katholischen Würdenträger zu tun, dessen paternale Beziehungen bekannt sind, nicht aber der Vater selbst und weiter, der zu Lebzeiten mit der Identität seiner Mutter nicht hausieren geht. Das weckt Neugier. War sie etwa ein Bastard der Schuler von Castelmur? Manche aus der Castelmur-Familie jedenfalls wurden schlicht ‚Schuler' gerufen.[64] Kinder einer außerehelichen Beziehung trugen durchaus im Namen einen Hinweis auf den Vater.[65] Dann bekäme das durch reformierte Kreise tradierte angebliche Foltergeständnis des Abtes, er selbst sei zwar beteiligt, Gubert von Castelmur aber Initiator des Bischofsputsches gewesen, eine familiäre Stütze.[66] Aber lassen wir die Spekulationen, zu denen uns die lückenhafte Quellenlage animierte. Der Abt jedenfalls stand von Hause aus in gutem Kontakt zu führenden Persönlichkeiten aller politisch und religiös relevanten Parteien. Zweifelsohne zählte der

[63] Vasella, Abt Theodul Schlegel (wie Anm. 1), S. 7f. Vasella bezieht sich auf einen Erbrechtsstreit vom Juli 1532.
[64] Aegidii Tschudi, Chronicon Helveticum, Basel 1736, S. 142, online-Version, Stand 02.02.2017, https://books.google.de/books?id=Rx1YAAAAcAAJ&printsec=frontcover&hl =de&source=gbs_ge_summaryr&cad=0#v=onepage&q=Schuler&f=false. Zur namentlichen Verzweigung der Familie von Castelmur, Verlag C. F. Lendorff (Hrsg.), v. Castelmur, in: Schweizerisches Geschlechterbuch, Bd. V, Basel 1933, S. 116-123.
[65] Hans aus Tinzen, der illegitime Sohn des Rudolf von Marmels, Herr von Haldenstein, nannte sich mit Familiennamen ‚Marmels': Ant. v. Castelmur, Rudolf von Marmels, Ratsherr zu Rapperswil, in: F. Pieth (Hrsg.) Bündnerisches Monatsblatt (BM), Heft 8, Chur 1924, S. 250-257, hier. S. 253f.
[66] Hinsichtlich des Foltergeständnisses, Valer, Die Bestrafung von Staatsvergehen (wie Anm. 54), S. 146.

reformorientierte Humanist zu den angesehensten und einflussreichsten Honoratioren in Chur.

Was hat seinen tiefen gesellschaftlichen Absturz bis hin zum politischen Folteropfer im Namen der Justiz bewirkt? Noch in der Ilanzer Glaubensdisputation sucht er die Konfrontation in der reinen Lehre, während die Reformierten unter Führung des Johannes Comander die sozialen Missstände der alten Ordnung betonen, also bewusst politisieren und eine Verbannung Comanders verhindern.[67] In unmittelbar zeitlichem Zusammenhang manifestiert sich ein lebensgeschichtlicher Bruch in der Vita des katholischen Kirchenmannes. Nicht mehr als Theologe, sondern wie sein Antipode als Religionspolitiker zieht er zu Felde gegen die neugläubige Predigt und treibt federführend den Keil in die religiöse Uneinigkeit der Eidgenossenschaft. Auf seine Intervention hin koppeln die katholischen Orte der Eidgenossenschaft ihre Hilfe gegen die militärische Bedrohung des Veltlin durch den ‚Müsser' an ein Verbot der neugläubigen Predigt.[68] Die Einheit der Religionspraxis auf Kosten staatspolitischer Räson nimmt

---

[67] Im Bauernaufstand von 1525 hatte sich die soziale Bewegung in Chur mit dem Sturm auf das bischöfliche Hochstift zugespitzt; die Stimmung gegen die Kirche als Feudalherr war angeheizt. Zur Ilanzer Glaubensdisputation vom Januar 1526 insbesondere Hofmeisters, Akten zum Religionsgespräch in Ilanz (wie Anm. 22), S. 16, 20, 26f., 31, 32ff.

[68] Vasella, Abt Theodul Schlegel (wie Anm. 1), S. 64f. Vasella bezieht sich hier auf die Korrespondenz des Churer Lateinlehrers Jakob Salzmann mit Vadian vom 12. März 1526. Salzmann war ein Vertrauter des Züricher Reformators Huldrych Zwingli. Traugott Schiess, Jakob Salzmann, ein Freund Zwinglis aus älterer Zeit, in: Christian Moser u. a. (Hrsg.), Zwingliana: Beiträge zur Geschichte des Protestantismus in der Schweiz und seiner Ausstrahlung, 1/8, Zürich 1900, online-Ressource, Stand 02.03.2017, http://www.zwingliana.ch/index.php/zwa/article/view/2169/2079.

der Abt damit nicht nur billigend in Kauf, sondern als Mittel zum Zweck. Die erlittene Brucherfahrung zu kitten, tritt er eine politische Distanzierungsreise vom neuen Herrschaftsnarrativ demokratisch legitimierter Religionsfreiheit an. Doch wie bereits zuvor im Ergebnis der Ilanzer Glaubensdisputation zeichnet sich trotz seines Erpressungsversuchs auf dem Februar-Bundestag 1526 nicht nur eine Akzeptanz beider Glaubensrichtungen ab. Die politische Bedrohung durch den Religionsstreit erkennend verfügt überdies die Regierung des Staatenbundes im Ilanzer Artikelbrief die Zurückdrängung des katholischen Kultus durch Abschaffung der Klöster und die Entpolitisierung des geistlichen Amtes. Wer gestern noch an Reformen gedacht hat, sieht sich spätestens jetzt mit einer offiziell legitimierten neuen Weltanschauung konfrontiert, welche das autoritäre Selbstverständnis der katholischen Kirche als alleinige Moralinstanz zerrüttet. Jener moralische Code als Grundlage der Identitätswahrung in der Zeit ist mithin im institutionalisierten gesamtgesellschaftlichen Orientierungsnarrativ nicht mehr repräsentiert. Darüber hinaus kann durch die Begrenzung des katholischen Kultus das Identitätskonstrukt als kirchlicher Ordensbruder nicht sinnhaft erzählt werden. Denn zum Sinnverstehen bedarf es eines gesellschaftlichen Verständigungsmusters, jenes Narratives, welches die Ilanzer Artikel des Wahrheitsanspruches beraubt haben. Gleichwohl fordert die Notwendigkeit positiv konnotierter Selbstwahrnehmung die Möglichkeit eines zusammenhängenden und widerspruchsfreien Lebensbogens über soziokulturelle Umweltbrüche hinweg. Denn der Kampf um die Identität in der Zeit ist nicht pathologisch, kein kultureller Rassismus, sondern dem Menschen wesentlich. Spätestens seit Herbst 1528 riskiert Theodul Schlegel sein Leben dafür im Wettstreit um das Deutungsmuster eines katholischen Absolutheitsanspruches. Der Abt trotzt dem Churer Verbot und zelebriert die klösterliche Messfeier;[69] dies bei gleichzeitig schwindendem politischem Rückhalt seit dem Übertritt Berns zum neuen Glauben. Zudem droht der Freistaat wie schon im ‚Müsserkrieg' zuvor zum Kriegsschauplatz weltmächtiger Player zu werden. Der militaristische Nachbar an der strategischen Lebensader gen Süden, der Kastellan von Musso, wirft nicht länger ein freundlich paktierendes, sondern an kaiserlicher und päpstlicher Seite ein feindlich okkupierendes Auge auf die Passlande. Korrespondierend erhält die neugläubige Partei vermehrt Einfluss auf den städtischen Rat.[70] Doch die exklusive

---

[69] Vasella, Abt Theodul Schlegel (wie Anm. 1), S. 262.

[70] Insofern wird Georg Jägers Auffassung nicht gefolgt, Comander habe keinen maßgebenden politischen Einfluss auf die Churer Politik gehabt. Georg Jäger, Die Reformation in der Stadt Chur, in: Martin Bundi/Ursula Jecklin/Georg Jäger (Hrsg.) Geschichte der Stadt Chur, Bd. II, Chur 1986, S. 274-338, hier S. 320. Denn wie Jäger selber feststellt, war schon dessen Einsetzung als Stadtpfarrer zu St. Martin politisch motiviert und erfolgte zur Demonstration und Absicherung städtischer Herrschaftsprivilegien gegen den Willen des Bischofs. Ebd., S. 286f. Auch auf der Glaubensdisputation von Ilanz im Januar 1526 zeigt sich die Verbundenheit der Stadtoberen zu ihrem Pfarrer, der wegen Ketzerei von Theodul Schlegel angeklagt worden ist. Sie stellen ihm zu seinem Schutz zwei Stadtvögte an die Seite. Hofmeisters, Akten zum Religionsgespräch in Ilanz (wie Anm. 22), S. 23. Die gegenseitige Instrumentalisierung von Politik und Religion, gerade auch in der reformierten Strategie mit Zielsetzung einer politisch christlichen Gemeindestruktur einerseits und dem städtischen Vorherrschaftswunsch gegenüber dem Hochstift andererseits, fußte auf einer Gemeinsamkeit: die Abschaffung bischöflicher Fürstengewalt. Auch die enge Beziehung Comanders zum politisch aktiven Zwingli in Zürich, mit dem Chur im Burgrecht stand, verweist auf die politische Relevanz des Stadtpfarrers zu St. Martin.

Gunst der Stunde unterliegt zeitlicher Limitierung. Sobald sich die katholische Vorherrschaft in Italien unter erneuerter Einheit kaiserlicher Macht und päpstlichem Segen bei zugleich geschwächtem französischem Rivalen festigte, stünde das neugläubige Ziel christlicher Gemeindepolitik als Grundlage staatlicher Gesellschaftsstruktur[71] unter zunehmendem außenpolitischen Druck.[72] Dem politisch versierten Abt[73] muss klar gewesen sein, dass jenes Zeitfenster außenpolitischer Beinah-Isolation mit gleichzeitig drohender Kriegsgefahr im eigenen Lande mit allen Mitteln gegen die Verteidiger des alten Glaubens genutzt würde, dass versucht würde, im Innern am bischöflichen Sitz der Traditionselite den Todesstoß zu versetzen. Umso gravierender ist sein Festhalten am katholischen Messritus zu werten. Denn mit welch brutaler Rigorosität der reformierte Vernichtungskampf um das einzig wahre rituelle Deutungscredo vollstreckt wird, daran kann kein Zweifel bestehen. Felix Manz, der Täufer, erleidet nach einem theologischen Zerwürfnis mit Zwingli in Zürich die Todesstrafe durch Ertränken in der Limmat; dem Täufer ‚Blaurock', zunächst nur knapp der Todesstrafe entkommen, widerfährt die Marter.[74] Das städtische Verdikt

[71] Zur Einheit von Politik und Religion im reformierten Glauben: Leonhard v. Muralt, Renaissance und Reformation, in: Ders. u. a. (Hrsg.), Handbuch der Schweizer Geschichte, Bd. 1, Zürich 1972, S. 389-570, hier S. 455.

[72] Die geostrategische Vermittlerrolle der Drei Bünde im Machtpoker zwischen den führenden Mächten Europas wäre im Falle des Friedens zwischen diesen obsolet. Der eigene politische Bedeutungsschwund ginge zu Lasten gesellschaftlicher Souveränitätsbestrebungen gegenüber einem außenpolitischen katholischen Machtblock.

[73] Vasella, Abt Theodul Schlegel (wie Anm. 1), S. 235, 240f.

[74] John A. Moore, Der starke Jörg, Die Geschichte Jörg Blaurocks, des Täuferführers und Missionars, Kassel 1955, S. 46. Zur Situation der Täufer auch Johannes Kessler, Sabba-

gegen die Messe in der Kathedrale des Glaubens aber trifft ins Mark des Konventualen. Zertrümmert liegt die ordensbrüderliche Weltanschauung begraben auf dem Boden des Churer Rathauses. Zwar soll sich mit dem juristisch fragwürdigen Churer Verbot im November ein Gericht der Drei Bünde befassen, Schlegel muss aber fürchten, dass zur Nutzung der verheißungsvollen Lage dessen Entscheidung nicht abgewartet wird. Zumal Bestrebungen seitens des Kapitels im Gange sind, eine regulär stattfindende Rückkehr des allseits ungeliebten Bischofs Paul Ziegler zu erreichen[75], was den politischen Autarkiebestrebungen des städtischen Rates in Chur diametral entgegenstünde.[76] Statt sich im österreichischen Vorarlberg in Sicherheit zu bringen[77], unternimmt Schlegel in dieser

ta, Mit kleineren Schriften und Briefen, in: Historischer Verein des Kantons St. Gallen (Hrsg.), Bearb. Emil Egli/Rudolf Schoch, St. Gallen 1902, S. 164. Dass die Täufer jede politische Betätigung ablehnten, steht dem neugläubigen Religionsverständnis einer grundlegend christlichen Gemeindestruktur diametral entgegen. Sicher ist auch diese Widersprüchlichkeit ein Grund für das insbesondere durch Reformierte geforderte drastische Vorgehen gegen diese Glaubensrichtung.

[75] In der Tat führte der juristische Weg erst ein knappes Jahr nach Verhaftung des Abtes zum Erfolg. Im November 1529 entschied das Vermittlungsgericht des Bundes gegen die Stadt Chur und damit für die Wiederzulassung der kath. Messe. Oskar Vasella, Die bischöfliche Herrschaft in Graubünden (wie Anm. 25), S. 360.

[76] Vasella stellt die Verhaftung Schlegels in diesen religiösen und politischen Kontext. Vasella, Abt Theodul Schlegel (wie Anm. 1), S. 243f., 251, 261f.

[77] Das österreichische Feldkirch wurde Zentrum der geflüchteten Domherren, jener, die nach dem 2. Ilanzer Artikelbrief wegen ihres ‚ausländischen Passes' fürchten mussten, ihre geistlichen Ämter zu verlieren. Selbst Bartholomäus von Castelmur, obgleich ein Dreibündner, floh. Er galt neben Schlegel als Integrationsfigur einer altgläubig kirchlichen Weltordnung. Vasella, Abt Theodul Schlegel (wie Anm. 1), S. 255f.

brisanten Situation eine weihnachtliche Reise zum Schloss des ,Müssers', noch dazu in Begleitung des kaisertreuen Wolf Dietrich, Sohn des Heerführers Mark Sittich von Hohenems.[78] Seine ohnehin fatale Situation überdies mit einer Reise zum militärischen Feind in Begleitung des Feindes zu beschweren, lässt vernünftigerweise keinen Anstandsbesuch vermuten. Dieser Plausibilität folgen die Ankläger, als sie dem Abt eine Beteiligung am Bischofsputsch unterstellen.

Der reformorientierte Humanist ein krimineller Karrierist, unterwegs als Terrorist in Sachen Religionspraxis? Inwiefern könnte ein solcher Hinterhalt in seinem Interesse liegen? Der Erzpriester von Mazzo, Gian Angelo de Medici, ist ein Bruder des Kastellans von Musso, Gian Giacomo de Medici. Mit ihm als Churer-Bischof wäre der Siegeszug des neuen Glaubens in Graubünden mehr als fraglich zumindest retardiert, die Restauration bischöflicher Herrschaftsautorität mit eigenem familiärem Militär hätte die weitere realpolitische Umsetzung der Ilanzer Artikel gefährdet. Oskar Vasella dementiert. Denn hätte sich der familiär Frankreich zugeneigte Schlegel den politischen Gegner Frankreichs, den ,Müsser', in Person dessen Bruders ins Zentrum des Gotteshausbundes geholt?[79] Die Frage verliert an Schärfe, wenn man den ,Müsser' als Mann des Papstes sieht. Die Entscheidung wäre nicht gegen Frankreich sowie gegen seine Heimat und für den Feind gefallen, sondern für seine innerste Überzeugung als Katholik einer vorneuzeitlich ständischen Gottesordnung; ein Mann der Kirche, der den bedrohten Kultus wie

[78] Vasella, Abt Theodul Schlegel (wie Anm. 1), S. 255f.
[79] Ebd., S. 319.

schon einmal zuvor über die geopolitischen Interessen eines Landes stellt, dessen zukunftweisenden soziokulturellen Paradigmenwechsel er als sündhaft ablehnt.

In der Tat zeigt sich zwischen 1525 und 1529 eine stetige Verbindung des Kastellans von Musso zum Papst. Überdies ist eine verwandtschaftliche Beziehung des Medici-,Müssers' zum Florentiner Medici-Papst Clemens VII. beidseitig inszeniert. Die Florentiner Medici widersprechen nicht der Aneignung des Familienwappens durch den späteren Papst Pius IV., den ,Müsser'-Bruder. Zudem ist Gian Giacomo de Medici in den Bündniswirren stets auf Seiten des Papstes zu finden. Ist dieser im habsburgisch-französischen Konflikt zunächst dem heiligen Bund des Kaisers zugehörig, so auch der ,Müsser' im Auftrag des Mailänder Sforza-Herzogs. Neigt sich die geopolitische Machtbalance nach der pavianischen Gefangenschaft des französischen Königs zu sehr dem Kaiser zu, tritt der Papst auf Seiten Frankreichs, Mailands, Florenz', Venedigs der Heiligen Liga von Cognac bei, gefolgt vom Kastellan von Musso als Oberbefehlshaber. Selbst als jener im Buhlen um den Beitritt der Drei Bünde dieses Ziel durch territoriale Eigeninteressen an den bündnerischen Untertanenlanden konterkariert, verliert er keineswegs päpstliches Vertrauen.[80] Zur Zeit des vermeintlich geplanten Bischofsputsches verhandelt Clemens VII. gezwungen durch seine Gefangennahme während des ,Sacco di Roma' erneut mit dem bis dahin nur erwählten österreichischen Kaiser; auch jetzt flankiert vom Kastellan von Musso.[81]

[80] Vasella, Abt Theodul Schlegel (wie Anm. 1), S. 131f.
[81] Diese historischen Fakten sieht auch Vasella. Allerdings lässt er die erzwungene Hinwendung des Papstes zum Kaiser in Folge des 'Sacco di Roma' außer Betracht und misst inso-

Der Deal könnte gewesen sein: Ich gebe dir die Kaiserkrone per göttlicher Legitimation, du mir Florenz zurück mit dem Medici-Herzog. Wir einigen uns auf die Überwachung der bedeutenden Pässe durch den ‚Müsser', sodass der Weg für den Franzosenkönig nach Italien versperrt bleibt.[82] Im Innern der Drei Bünde soll durch einen Medici-Bischof dieser Plan politischen Rückhalt finden. Dass ein Gelingen zweifelhaft gewesen wäre, wie Vasella es darlegt[83], mag stimmen, gleichwohl nicht unmöglich. Denn nicht nur Abt Schlegel sah im gestörten Verhältnis des wenig reformorientierten amtierenden Churer Bischofs Paul Ziegler und der weltlichen Obrigkeit eine Hauptursache für die politisch tolerierte Zuwendung zum reformierten Glauben. Zu Recht sieht auch Vasella altgläubige Ministerialen-Geschlechter wie die von Castelmur[84] und die Familie des Johann Travers, die das bischöfliche Hofmeisteramt nahezu erblich innehatte, nach einer

---

fern der politischen Beziehung zwischen dem Medici-Müsser und dem Medici-Papst in diesem Kontext geringe Bedeutung bei. Vasella, Abt Theodul Schlegel (wie Anm. 1), S. 319.

[82] Im Juni 1529 trat der ‚Frieden von Bologna' zwischen Kaiser und Papst in Kraft und die Schweizer Garde des Papstes wurde vorübergehend aufgelöst. Im August besiegelte der ‚Damenfriede von Cambrai' zwischen Karl V. und Franz I. die Vormachtstellung Österreichs in Italien. Im Februar 1530 wurde Karl V. vom Papst in Bologna zum Kaiser gekrönt.

[83] Vasella, Abt Theodul Schlegel (wie Anm. 1), S. 235.

[84] Dass in den Bündnis- und Religionswirren manche Familien sich zweiseitig abzusichern suchten, belegt deutlich das Beispiel der bischöflichen Castelmur-Dynastie. Erinnert sei hier an Gubert von Castelmur, der bereits im 1. Müsserkrieg aus politischen und konfessionellen Gründen auf Seiten des ‚Müssers' kämpfte. Verlag C. F. Lendorff, v. Castelmur (wie Anm. 64), S. 118. Andere Vertreter der Familie standen zur selben Zeit auf Seiten der Drei Bünde. So lesen wir von einem Jakob von Castelmur, Hauptmann in Chiavenna, der in eben diesem Kriege als Geisel im Verlies des Kastellans monatelang eingekerkert war. Travers, Das Lied vom Kriege des Schlosses Musso (wie Anm. 62), S. 44, 49f.

starken Restauration des Bischofsamtes trachten, schon ihrer ökonomischen Existenz wegen.[85] Nicht aber zieht er daraus folgenden naheliegenden Schluss: Paul Ziegler, ehemals durch den Kaiser und zunächst gegen den Willen des Papstes eingesetzt, ferner wegen seiner Weigerung, den Bundesbrief der Drei Bünde zu siegeln, eine persona non grata, konnte nach seiner Flucht ein Wiedererstarken der bischöflichen Regierung de facto nicht gewährleisten, wohl aber der Erzpriester von Mazzo, gestützt auf den starken Militärarm seines Bruders, des Kastellans von Musso – Papst und Kaiser im Rücken. Widersprüchlich in Vasellas Urteil eines nicht realisierbaren Vorhabens ist, dass er dies nur auf eine militärische Variante erstreckt, eine listige, wie sie Ulrich Campell darstellt, hingegen nicht kommentiert. Gerade für das undurchsichtige Spiel aber war der ‚Müsser' bekannt, wie Vasella an anderer Stelle selbst bezeugt.[86] Überdies ist es unwahrscheinlich anzunehmen, der Papst habe vom Plan der Einsetzung des Gian Angelo de Medici keine Kenntnis gehabt. Immerhin hat jener ihn als apostolischen Protonotar zum päpstlichen Familienmitglied erkoren.[87] Mit guter Begründung kann mithin der ‚Müsser' als Treuhänder auch päpstlicher Interessen gesehen werden.

Zum Gelingen eines solchen Planes müsste der Kaiser tatsächlich mit im Boot der Ränke sitzen. Nun hebt Vasella jedoch richtig hervor, der Bruder des Kaisers, Ferdinand von Österreich, habe der Neubesetzung des Churer Bi-

[85] Vasella, Abt Theodul Schlegel (wie Anm. 1), S. 261.
[86] Ebd., S. 293f., 239.
[87] Kevin Knight, Pope Pius IV., in: New Advent (Hrsg.), Catholic Enzyclopedia, online-Ressource, Stand 15.02.2017, http://www.newadvent.org/cathen/12129a.htm.

schofsstuhles durch den Bruder des ‚Müssers' nicht zugestimmt, würdigt aber in diesem Lichte nicht die Tatsache, dass jenem zugleich die Ländereien um Lecco herum vom Kaiser zu freiem Eigentum übergeben wurden, sodass er nunmehr als souveräne Macht über den Comersee und damit über die wichtigsten Zugänge vom Veltlin nach Mailand agieren kann;[88] eine autarke Macht zwar, aber eine, deren familiäres Netzwerk den Kaiser durch die eheliche Verbindung der Schwester des ‚Müssers' mit dem Sohn des berühmten kaisertreuen Heerführers und Landeshauptmannes im Vorarlberg, Mark Sittich von Hohenems, absichert.[89] Sind wir dem ‚Müsser' tatsächlich als Strohmann des Kaisers auf der Spur, der ein doppeltes Spiel spielt? Immerhin würde die Installation des ‚Müssers' als eigenständige Macht vor den Toren des wichtigen Passlandes Veltlin den Drei-Bünde-Staat im geostrategischen und religiösen Sinne des Kaiser- und Papsttums disziplinieren. Für den jungen Staatenbund stellt ein Bischof Gian Giacomo de Medici als verlängerter Arm des Kastellans eine existenzielle Bedrohung seiner Souveränität dar. Schon insofern schließt sich eine reguläre Einsetzung des ‚Müsser'-Bruders aus, will man die Interessen der österreichischen Enklaven, besonders Rhäzüns und Castels, als Sinnbilder der vermuteten österreichischen Hegemoniebestrebungen im Gebiet der Drei Bünde nicht noch weiter gefährden.[90] Auch erscheint unter diesem Aspekt die Planung eines Überraschungscoups zur Einsetzung des ‚Müsser'-Bruders in die bischöfliche Regierung

[88] Vasella, Abt Theodul Schlegel (wie Anm. 1), S. 229, 235.
[89] Ebd., S. 237.
[90] Dies wird auch von Vasella so gesehen. Ebd., S. 31.

bei gleichzeitigen Verhandlungen mit dem ‚Müsser' über die Resignation Paul Zieglers in Innsbruck entgegen Vasella nicht sinnlos[91], sondern als weitere mögliche verdeckte Strategie; offiziell verhandeln, inoffiziell handeln, sodass die dabei geschaffenen Fakten nicht Österreich, sondern dem autarken Kastellan von Musso angelastet werden. Nicht weniger als die mit dem Kaiser geschlossene Erbeinigung mit Nichtangriffspakt steht ja auf dem Spiel. So gesehen ist der ‚Müsser' nicht nur familiär und politisch ein Papstmann, sondern in dieser Stunde auch ein Mann des Kaisers. Das Vorhaben, wie es Schlegel zur Last gelegt wurde, besaß politische Substanz. In dem durch Kriegsgefahr und fragiler Bündnislage für die neugläubig politisch antibischöfliche Partei in Chur so vorteilhaften Moment war er geeignet, die Karten in diesem Politthriller neu zu mischen, ob auf Dauer, sei dahingestellt.

Schlegel ist, wie auch Vasella feststellt, durch Gian Angelo de Medici selbst in den Plan einer anvisierten Bischofskarriere eingeweiht worden.[92] Wissend um den erheblichen Widerspruch im eigenen Lande spricht die Verschweigung dieses Vorhabens gegenüber den Bundeshäuptern und dem Churer Rat indessen entgegen Vasella für politisches Handeln durch Unterlassen, welches nicht als geringe passive Beteiligung exkulpiert werden kann, sondern im Gegenteil als ‚Untat' des Klosterbruders stillschweigendes Einverständnis nahelegt – untermauert durch konkludentes Handeln. Statt sich öffentlich gegen einen Bischof Gian Angelo de Medici zu stellen, reitet er

[91] Vasella, Abt Theodul Schlegel (wie Anm. 1), S. 241.
[92] Ebd., S. 236.

Seit' an Seit' mit dem Feind zu dessen Bruder ins gegnerische Lager; ein kulturell selbstwahrender Distanzierungsritt auf der Rasierklinge.

Für unsere Fragestellung irrelevant soll doch der Vollständigkeit halber ein weiteres Argument Vasellas aufgenommen werden. Er dringt auf einen Widerspruch zwischen der Beweiskraft heute verlorener Briefschaften und einer gleichwohl für nötig erachteten Folterung des Abtes.[93] In umgekehrter Argumentation Vasellas, der auf Grundlage eines modernen Rechtsverständnisses schlussfolgert, ist auf Basis des zeitgenössischen juristischen Wertekanons das Fazit zu ziehen, die Briefe des Abtes konnten die Zweifel an der Täterschaft nicht genügend ausräumen, wenn sie sie nicht gar nährten.[94] In der einschlägigen Rechtsliteratur des Spätmittelalters und der frühen Neuzeit, Ulrich Tenglers ‚Leyenspiegel' (1509, 1511) im Kontext mit Conrad Heydens ‚Klagespiegel' (um 1436), war für die Verurteilung im Inquisitionsverfahren als Verfolgung schwerwiegender Straftaten von Amts wegen eine Verurteilung nur aufgrund zweifelsfrei nachgewiesener Täterschaft möglich. Der hier bereits durchscheinende Grundsatz ‚in dubio pro reo' führte allerdings nicht zum Freispruch, sondern zur peinlichen Befragung. Denn die Absolutheit des Gewissheitsstrebens fand seine höchste Erfüllung zumeist erst im Geständnis, auch des erfolterten; erst recht zur außen- wie innenpolitischen Absicherung der Hinrichtung eines religiös-politischen

---

[93] Vasella, Abt Theodul Schlegel (wie Anm. 1), S. 260, 289.
[94] Gianna Burret, Der Inquisitionsprozess im Laienspiegel des Ulrich Tengler, Köln 2010, S. 157, 183, 189.

Schwergewichtes wie Theodul Schlegel.[95] Ob der Abt geständig war, lässt sich nicht beweisen. Soweit Vasella gegen ein Geständnis spricht und hierzu die Prozessbeschreibung des Feldkircher Kaplans Johannes von Winterthur wiedergibt, konnte in diesen Darlegungen ein Nachweis seiner Behauptung nicht gefunden werden.[96]

Im Kontext des Strafprozesses ist aus identitätstheoretischer Sicht die verzweifelte Lage des Theodul Schlegels herausgearbeitet worden, der selbst angesichts tödlicher Bedrohung seinen Glauben im katholischen Kultus lebt. Offenkundig ist ohne religiöse Praxis seine Identität im Kern gefährdet. Nicht der spirituelle Glaube, sondern das öffentliche Glaubensbekenntnis ist Lebenselixier des kirchlichen Würdenträgers. Denn im Kampf um die symbolhaft konstituierte quasi Faktizität der einen absoluten Wahrheit kann er eine andere Lebensnorm nicht dulden. Als Bedingung der Möglichkeit zur Dynamisierung seiner Identität tritt er an, dieses Narrativ in die gesellschaftsübergreifende kulturelle Erzählung einzuschreiben. Unter Verzicht auf sichere persönliche Entfaltungsmöglichkeit in nahen katholischen Hochburgen streitet er unter Lebensgefahr für die Abschaffung der neugläubigen Predigt und wird vom theologischen Kirchenreformer zum politi-

---

[95] Zur Beweiskraft der Briefe hinsichtlich der Tatbeteiligung Schlegels lässt sich das Gericht wie folgt ein: „[…] als wir nicht anderst merken könend." Zitiert nach Vasella, Abt Theodul Schlegel (wie Anm. 1) S., 264. Zur gesamten Beurteilung, ebd. S., 262. Dagegen erkennt Vasella in dieser Beurteilung eine Zerrissenheit des Rates über die Aussagekraft der Briefe. Durch das mächtige Netzwerk des Abtes war dessen Verhaftung für die Regierung der Stadt Chur ein innen- und außenpolitisch heißes Eisen, dessen es sich schnell durch Entscheid zu entledigen galt. So auch Vasella, ebd. S. 266.

[96] Ebd., S. 271.

schen Strippenzieher gegen Sicherheitsbegehren seines eigenen Landes; deutlich tritt ein moralischer Anspruch auf umfassende Gesellschaftsrepräsentanz ans Tageslicht, symbolisiert im Ringen um die Einheit rechtgläubiger Konventionen; eine Distanzerzählung von der neuen anfänglich pluralistisch demokratischen Meistererzählung des rätischen Freistaates mit tödlichem Ende. Was prima vista paradox erscheint, entpuppt sich als existenzielles Erfordernis im Namen selbsterhaltender Identitätswahrung. Dass die moralische Triebfeder religiösen Alleinvertretungsanspruchs, welche augenscheinlich mehr wiegt als der Tod, auch einen reformorientierten Humanisten wie Abt Theodul Schlegel zum Handlanger terroristischer Gefährder werden lässt, ist gerade aus heutiger Sicht nicht unwahrscheinlich. Jedenfalls hätte in höchster Bewusstseinskrise eine militärisch stark abgesicherte Restauration bischöflicher Macht seiner universalistischen Weltanschauung kirchlicher Autorität mehr entsprochen als die bestenfalls juristisch zu erzielende konfessionelle Parität mit Wiedereinsetzung des waffen- und kraftlosen Paul Zieglers. Obgleich Vasella die moralische Standhaftigkeit des Klosterbruders in seiner „sittlichen Reinheit"[97] herausstellt, verkennt er den sich darin verbergenden Drang zur Identitätskontinuierung angesichts eines bahnbrechend emanzipatorischen Zeitgeistes. Anders als bei Dietegen von Salis[98] oder Georg Beeli, denen zeitversetzt,

[97] Vasella, Abt Theodul Schlegel (wie Anm. 1), S. 320.

[98] Dietegen v. Salis war ein Held von Marignano. Er galt als überragender Soldat auf Seiten des Kaisers und des Papstes. Wilhelm Heinrich Winning, Heinrich Bansi, Bonorand, Grundriss der Geschichte Gmeiner Drey Bündten Lande, Bd. 1, 1773, S. 135. Vasella, Abt Theodul Schlegel (wie Anm. 1), S. 101f.

wenn auch nicht in Chur, der Prozess gemacht wurde, ging es ihm eben nicht vorrangig um militärische beziehungsweise politische Parteinahme zur ökonomischen Existenzabsicherung[99], sondern um Legitimierung seines historischen Bewusstseins. Dieser grundstürzende Hiatus im Beweggrund einer möglichen Putschbeteiligung wird von Vasella nicht gesehen, wenn er die schicksalhaften Urteile vergleicht und zur Entschuldung Theodul Schlegels heranzieht.[100] Eine Integration ins neuzeitliche Denken kann aber nur gelingen, sofern die Anpassungsleistungen sich nicht auf den Kern der Persönlichkeit erstrecken oder, anders ausgedrückt, sofern jener im neuen Deutungsmuster repräsentiert sein kann.[101] Vielleicht wurden die beiden durch diesen essenziellen Unterschied im Beweggrund, möglicherweise Hand in Hand mit anderen äußeren Prozessumständen, zu Freigängern mit Integrationspotential statt zu Todgeweihten.

Zur Existenz des ‚Verschwörungs'-Coups nur so viel: Überlegungen zur Übernahme des Churer Bischofsstuhles seitens der Medici sind nachgewiesen. Unter Berücksichtigung ihrer engen Beziehung zum Papst und in der konkreten militärischen Situation auch zum Kaiser resultiert daraus eine wirkmächtige Interessensphalanx. Nun liegt es auf der Hand, dass ein regulär nicht erreichbares Ziel einer irregulären Strategie bedarf. Ein solches Kalkül

---

[99] Auch Vasella sieht die Verhaftung Georg Beelis und Dietegen von Salis politisch motiviert, lässt dies aber in der vergleichenden Urteilsanalyse außer Betracht. Vasella, Abt Theodul Schlegel (wie Anm. 1), S. 273ff. Beeli und v. Salis wurden in Zuoz gerichtet.

[100] Ebd., S. 276.

[101] Assmann, Kulturen der Identität (wie Anm. 58), S. 25, 39.

jedenfalls war dem zeitgenössischen Denken nicht fremd, wie die Anklage im Inquisitionsprozess gegen Theodul Schlegel nachdrücklich belegt.

Eine machtpolitische Ausbeute des städtischen Rates durch die Inkriminierung des global vernetzten Repräsentanten bischöflicher Herrschaft bleibt unbenommen; desgleichen ein Motiv im religiösen Determinismus des geistlichen Antagonisten in Chur, Comander, für den die substanzielle Bedeutung des rituellen Glaubensbekenntnisses ebenso höchste Priorität in der ‚Ich'-Konstruktion besitzt und für den das politische Handeln geradezu organisch aus dem Glauben folgt.[102] Den existenziellen Eigensinn Schlegels schmälert das nicht, sondern unterstreicht vielmehr die zunehmende Politisierung der Religionen im Spannungsfeld des reformierten Globalisierungsschubes deutlich; ein Prozess, in dem die ‚als ob'-Realität des religiösen Kultus als idealisiertes Zentrum der insofern irreal überhöhten Persönlichkeitsbildung interreligiöse Toleranz verunmöglichte und in Theodul Schlegel einen identitätsgebrochenen kulturellen Globalisierungsverlierer gebar.

[102] Muralt, Renaissance und Reformation (wie Anm. 71), S. 455.

Tendenzen gegenwärtiger Erzählungen im Prozess der Identitätswahrung angesichts starker Zuwanderung aus islamisch geprägten Kulturen

Das Analyseergebnis ist besonders interessant, da im Vergleich zum aktuellen Verständnis einer unpolitischen Religion und einer daraus folgenden Religionsfreiheit als umfassendes Naturrecht sui generis deren umfänglich wie inhaltlich reduzierte Vorläuferversion im Kontext eines epochalen kulturellen Globalisierungsschubes zu Beginn der Neuzeit entstanden ist; in einem Umfeld, in dem sich Religionen in besonderem Maße als ‚politisch' erwiesen haben. Eine Parallele zur heutigen sozialen Gemengelage ist greifbar, in der durch geopolitische Zersetzungen das christliche Europa vor der Jahrhundertherausforderung starker kultureller Zuwanderung islamischer Provenienz steht. Und wieder ist es der religiöse Kultus, also öffentlich gelebte Sitten und Bräuche, mit dem religiöse Repräsentanten ihren Glauben durch quasi Faktizität zur realen einen Wahrheit stilisieren und dadurch den Wissenskampf um den vermeintlich einzig richtigen gesellschaftspolitischen modus vivendi anheizen. Debatten um Burka, Minarette, Handreichung, Schwimmunterricht für Mädchen sind keine ‚Scheindebatten', sondern Debatten um den ‚Anschein wahren Wissens' mit dem offenkundig gerade in Zeiten besonderer kultureller Herausforderung der rote Faden für das vermeintlich zielführende Leben gewiesen werden soll, mit dem versucht wird, die erlittenen kulturellen Brucherfahrungen zu kitten. In anderen Worten, gerade unter dem Druck einer hohen kulturellen Globalisierungswelle politisieren sich Religionen in besonderem Maße und idealisieren die Sinnkonstruktionen des Lebens. Nicht nur Islam und Judentum, die mit Blick auf die entsprechenden Staaten und jeweiliger Auslegung weltliche Macht und Lebensweise religiös rechtfertigen, sind betroffen, sondern politische Moralisierungstendenzen keimen auch heute beziehungsweise heute wieder bei vermeintlich durch Aufklärung entpolitisierten christlichen Glaubensrichtungen.

So spricht sich der ehemalige Ratsvorsitzende der evangelischen Kirche, Wolfgang Huber, zur Lösung der sozialintegrativen Herausforderung durch politisch islamische Strömungen für ein Erstarken der religiösen Identität seitens der Christen aus, die ihre Religion nicht länger in der „einfachen Indifferenz“[103] belassen könnten. Im selben Tenor äußert sich die evangelische Theologin Margot Käßmann, die gegen eine „Angst vor vollen Moscheen“[104] den sonntäglichen Kirchgang empfiehlt.[105] Die Reaktionen der evangelischen Kirchenvertreter aber auch wie weiter unten beispielhaft aufgeführt einer bekannten weltlichen Repräsentantin dieser Glaubensrichtung erinnern daran, dass gerade zu Zeiten Zwinglis und Comanders die politischen Rahmenbedingungen gesellschaftlicher Lebensweise sich quasi organisch aus dem Glauben generieren. Dies verstehend, erscheinen religiös-moralische Begründungen politischer Handlungen oder

---

[103] Wolfgang Huber, Phönix, Im Dialog, 04.12.2016, online-Ressource, Stand 12.12.2016, https://222.phoenix.de/content/phoenix/die_sendungen/diskussionen/im_dialog/1180251?datum=2016-12-02.

[104] Margot Käßmann zitiert im online-Portal der überregionalen Tageszeitung ‚die Welt‘ vom 10.09.2015, online-Ressource, Stand 19.02.2017, https://www.weltde/politik/deutschland/article146239250/Angst-vor-Islamisierung-Gehen-Sie-in-die-Kirche.html.

[105] Ebd.

Erklärungen selbstverständlich.

Die katholische Religion kommuniziert ihren politischen Anspruch durch den Vatikanstaat bis in die Gegenwart. Der Heilige Stuhl distanziert sich bis heute von einer mit Siegel des Hans Janik und seines Hilfsschreibers 1526 unter den Primat weltlicher Politik gestellten Religionsauffassung. Zwar anerkennt die katholische Kirche gemäß der Zweischwerterlehre des Papstes Gelasius I. eine von Gott eingesetzte Gewaltenteilung zwischen weltlicher und geistlicher Macht, sieht aber auch heute noch in der Tradition des Augustinus menschliche Vernunft an die Autorität Gottes gebunden.[106]

Solange Religionsfreiheit zwar formal geschrieben steht – wie in der ‚Dignitatis humanae' des Zweiten Vatikanischen Konzils, begrenzt auf die Buchreligionen auch in der ‚Islamischen Charta' des Zentralrats der Muslime in Deutschland e.V. –, Glauben aber als quasi Wissen von der **einen** Wahrheit durch politisch relevante Kulthandlungen seitens aller Religionen möglichst umfassend gesellschaftsprägend gelebt werden soll, birgt substanzielle interreligiöse Toleranz als gesellschaftliche Begegnung der Religionen auf Augenhöhe eine Gefahr bloßen floskelhaften Anscheins. Die moralischen Grundwerte einer Gesellschaft können nur einem Herrn dienen. So jedenfalls sieht es der Zentralrat der Muslime in Deutschland,

[106] Das Verständnis des katholischen Glaubensbegriffs als „Zustimmung des Verstandes zur Wahrheit des Wortes Gottes": Otto Hermann Pesch, Die „Gemeinsame Erklärung zur Rechtfertigungslehre" vom 31.10.1999, Probleme und Aufgaben, Vortrag vom 21.07.2007, ökum. Forum Heidelberg, online-Ressource, Stand 12.12.2016, http://www. uni-heidelberg.de/md/fakultaeten/theologie/oek/forum/12.2.pdf, S. 6.

wenn er dem Koran Letztgültigkeitsanspruch beimisst[107]; so sieht es wohl auch die katholische Kirche, wenn heute noch die Heilsuniversalität Jesu Christi und der Kirche als katholisches Dogma vertreten wird[108], Ökumene dagegen unverbindliche Perspektive verbleibt[109]; so sehen es auch die evangelischen Repräsentanten, wenn sie gesellschaftspolitische Fragestellungen auf Grundlage ihrer Religion handhaben; so stellt es weiter unten Eva Illouz auch für den jüdischen Rabbiner fest, der sich eine entpolitisierte Religion nicht vorstellen kann.

Wie sehr die Politisierung der Religionen im Kampf um den Kultus das Europa des 21. Jahrhunderts erneut eingeholt hat, demonstriert die deutsche Bundeskanzlerin Angela Merkel – Tochter eines evangelischen Pastors – anlässlich einer Podiumsdiskussion der Universität Bern deutlich, dezidiert unter Thematisierung des politisch brisanten Problems der kulturellen Entfremdung.

> [...] haben wir doch den Mut, zu sagen, dass wir Christen sind. Haben wir dann aber auch bitteschön die Tradition, mal wieder in einen Gottesdienst zu gehen oder ein bisschen bibelfest zu sein und vielleicht auch ein Bild in der Kirche noch erklären zu können. Und wenn Sie mal Aufsätze in Deutschland schreiben lassen, was Pfingsten

---

[107] Zentralrat der Muslime in Deutschland e.V. (Hrsg.), Art. 3, in: Islamische Charta, Berlin 2002, online-Ressource, Stand 29.05.2017, http://zentralrat.de/3035.php.

[108] Joseph Kardinal Ratzinger und Tarcisio Kardinal Bertone, Dominus Iesus Kongregation für die Glaubenslehre der römisch-katholischen Kirche vom 6. August 2000, online-Ressource, Stand 12.12.2016 http://www.vatican.va/roman_curia/congregations/cfaith/documents/rc_con_cfaith_doc_20000806_dominus-iesus_ge.html.

[109] Pesch, Gemeinsame Erklärung zur Rechtfertigungslehre (wie Anm. 106), o. S.: „[N]ach 60 Minuten Spielzeit steht es immer noch 0:0“. Mit der Metapher des Fußballspiels charakterisiert Otto Hermann Pesch das faktische Fortschreiten in der Ökumene.

bedeutet, dann würde ich mal sagen, ist es mit der Kenntnis über das christliche Abendland nicht so weit her.[110]

Hier wird der religiöse Brauch zum politischen Argument in Zeiten kultureller Pluralisierung und Politik dadurch ideologisch moralisiert. Moralisierende Begründungen aber erschweren die Möglichkeit eines notwendigen Interessenausgleichs als Basis besonders auch international gefestigter Strukturen, ein Problem, das sich in Globalisierungsphasen heute wie damals zuspitzt. An der Konsequenz, nämlich gesellschaftliche Entsolidarisierung, siechen nicht nur nationale sondern auch internationale politische Strukturen, ein heute existenzielles Leiden der EU.

Die gesellschaftspolitische Verfestigung jenes Narrativs erfolgt sogleich. Am stark extrovertiert gelebten islamischen Glauben solle sich der Christ ein Beispiel nehmen, lassen sich Diskutanten der Phönix-Runde bei Anke Plättner vernehmen. Hier befürwortet selbst die Muslima eine Politisierung des christlichen Glaubens.[111] Eine sol-

[110] Angela Merkel anlässlich der Podiumsdiskussion zur Verleihung ihrer Ehrendoktorwürde der Universität Bern am 03. September 2015, zitiert nach der online Ausgabe des Magazins ‚Stern' vom 08. September 2015, online-Ressource, Stand 19.02.2017, http://www.stern.de/politik/deutschland/angela-merkel-beantwortet-frage-zur-angst-vor-islamisierung-6441522.html.

[111] ZDF (Hrsg.), Phoenix-Runde vom 19.04.2016, Islam Kontroverse, Welche Religionen gehören zu Deutschland? Anke Plättner diskutiert mit Cemile Giousouf, Michael Rutz, Ender Cetin und Dr. Marc Jongen, online-Ressource, Stand 12.12.2016, https://www.zdf.de/politik/phoenix-runde/phoenix-runde-vom-19-04-2016-104.html. Anke Plättner sieht Anhänger des Islams in ihrer religiösen Sitte als glaubensstärker; Christen wäre das Gebet mittlerweile vielfach fremd; Zustimmung findet sie bei Michael Rutz vom Rheinischen Merkur, der eine „selbstbewusster[e]" christliche Lebensweise als angebracht empfindet. Deshalb, so die erste muslimische Direktkandidatin für den deutschen Bun-

che Auffälligkeit erkennt auch die französisch-israelische Soziologin Eva Illouz im Verhältnis zwischen dem Rabbiner und dem Imam, denen sie auf ihrer jüngsten Reise ins französische Sarcelles, der Stadt ihrer Jugend, begegnet. Aufgrund einer jeweils lebensbestimmenden Religionsideologie gewahrt sie zwischen den beiden eine gegenseitige Nähe auf Basis gemeinsamer Ablehnung entpolitisierter Religion. In Anlehnung an den Begründer der vergleichenden Politikwissenschaft, Alexis de Tocqueville, befürchtet die Soziologin eine Gefahr für die liberale, den religiösen Kultus restriktiv lebende Gesellschaft; denn während jene den öffentlichen Lebensraum aus Respekt vor dem anderen nicht vereinnahmt, wird er durch glaubensbekennende Religiöse besetzt. Im strukturellen Mächteverhältnis zeige sich ein Ungleichgewicht zugunsten durch Sitte und Brauch das öffentliche Leben normierender religiöser Weltanschauungen.[112]

Wir haben nach den Erzählmustern der Identitätskonstruktion in Zeiten verstärkter kultureller Globalisierung gefragt.

Damals wie heute zeigen sich vor allem religiös idealistische Legitimationsstrategien zur Selbstrechtfertigung, symbolisiert im Wettstreit um den gelebten religiösen Kultus. Dies ist kein Narrativ gesellschaftlicher Ränder, es wurde und wird in der sozialen Mitte erzählt, wie sowohl der reformorientierte Humanist Theodul Schlegel als auch

destag, Cemilie Giousouf (CDU), stünde in ihrer Partei das ‚C' [christlich, EB] am Anfang des Namens.

[112] Michel Eltchaninoff interviewt Eva Illouz. Michel Eltchaninoff, Rückkehr nach Sarcelles, in: Philosophie Magazin Nr. 02, 2017, S. 53-57, hier S. 56f.

die modernen Repräsentanten belegen. Gerade hier offenbart sich die besondere soziale Brisanz. Denn obgleich selbst idealistisch erscheint es kein ideologisches Narrativ bewusster Herabwürdigung des anderen zu sein, mithin kein Fremdenhass, sondern weist vielmehr in die Richtung einer anthropologisch existenziellen Notwendigkeit der Selbsterhaltung in exzesshaften kulturellen Konfrontationsphasen. Denn je mehr in Globalisierungsphasen Konventionen in ihrer Bedeutung marginalisieren, alles möglich, aber nichts mehr richtig und falsch ist, desto mehr unterliegen individuelle Lebensentscheidungen einem sinngestaltenden Rechtfertigungsdruck, erst recht in einer Zukunft 4.0 abseits lohnabhängig beruflich bestimmter Lebensgestaltung. Zugleich erfolgt dieser intensivierte Begründungszwang mangels eines allgemeinverbindlichen kulturellen Sittenkorsetts und daraus resultierender defizitärer kommunikativer Verständigungsbasis tendenziell nicht diskursiv, sondern mythisch prinzipiell. Die Folge ist eine Gefahr des Aufblühens nicht diskursfähiger sakrosankter Weltanschauungsmodelle, die sich im Wettstreit um Sinnrechtfertigung eine Überbietungsschlacht in Faktizität suggerierenden Sitten und Bräuchen liefern; je weniger geübt in der Zurückdrängung sakraler öffentlicher Lebensdurchdringung, desto intensiver.

Kapitel 4: Auf ein (Schluss)wort

Die Bundeshäupter des Freistaates der Drei Bünde haben in ihrer Sinnkonstruktion der Religionsfreiheit die Notbremse im Kultus-Kampf der Religionen gezogen und zur Wahrung und Stärkung demokratischer Strukturen auf Grundlage einer gesellschaftlich notwendigen integrativen Basis eine politisch gestaltbare Religionsfreiheit konzipiert. Dem lag in Folge des damaligen politischen Kontextes die Erkenntnis zugrunde, dass Religionen politisch sind, sofern sie durch ihre moralischen Sitten und Bräuche lebens- und gesellschaftsnormierende Relevanz besitzen. Diese politische Relevanz der Religionen zeigte sich nicht nur in den gottgewollten sozialen Herrschaftsordnungen, sondern insbesondere auch in der innenpolitischen Spaltung einer basisdemokratischen Gesellschaft und der damit einhergehenden Gefährdung der demokratischen Solidargemeinschaft in den Drei Bünden zu Beginn der Reformation; der Fall des gar humanistisch reformorientierten Theodul Schlegel exemplifiziert dies dramatisch. So wurde das religiöse Leben als Mönch und Nonne stark eingeschränkt, die Sitten der Täufer, wie die Erwachsenentaufe, verboten. Während den einen in damaliger Zeit eine zu hohe politische Relevanz anhaftete, unterbanden die anderen jedwede politische Amtsübernahme als unmoralisch; beide Tendenzen wirkten der Verfestigung demokratischer Strukturen entgegen. Dennoch bleibt insbesondere die Verfolgung der Täufer kritisch anzumerken, wenngleich Art und Umfang speziell in Bezug auf die Drei Bünde hier nicht geprüft worden ist.

Der Vergleich zur gegenwärtigen Phase starker religiös

kultureller Pluralisierung offenbart Parallelen mit Blick auf eine verstärke Politisierung der Religionen. Sowohl seitens christlich, jüdisch und islamisch religiöser Institutionen als auch anhand von Stellungnahmen maßgebender Gesellschaftsrepräsentanten zeigt sich Religion als politisch übergriffig, insofern als soziopolitische Phänomene auf Basis religiöser Argumentation gehandhabt werden und eine Stärkung des religiösen Kultus in der Öffentlichkeit gefordert wird. Wenngleich dieses Ergebnis nicht beansprucht, im sozialwissenschaftlichen Sinne repräsentativ zu sein, so verweist es doch darauf, eine mögliche wachsende Tendenz moralisierender, dogmatisch ideologisierender Perspektivierung soziopolitischer Fragen in der Gegenwart zu untersuchen.

Mehr Glaubens-, weniger öffentlich gelebte Religionsfreiheit jedenfalls war die basisdemokratische Antwort der Drei Bünde zur Stabilisierung einer Solidargemeinschaft als Voraussetzung für eine zumindest begrenzte Möglichkeit individueller Freiheitsrechte in einer aufkommenden pluralistischen Gesellschaft; eine Gesellschaft, die gezwungen war, in Konfrontation zur religiös politischen Herrschaftsbegründung der Weltmächte zu erstarken. Denn wo das Wesen der Religion hinsichtlich eines Wissen suggerierenden Kults restriktiv praktiziert wird, mithin sich die politische Relevanz der Religionen verringert, kann sich eine liberal pluralistische Gemeinschaft der ‚Nichtwissenden' konsolidieren. Durch einen restriktiv gehandhabten Kultus erwächst aus dem monologischen Wahrheitsanspruch der Religiösen eine dialogische Offenheit der Gläubigen.

Zugleich aber bedeutet dies auch, je mehr religiöskulturelle Pluralisierung, desto spannungsgeladener das Verhältnis zwischen individuellem Anspruch auf Persönlichkeitsentfaltung einerseits und notwendig ‚alles' entwertendem kulturellem Leitfaden andererseits; denn je kulturell homogener eine Gesellschaft, desto stärker sind persönliche Eigensinne in der offiziellen soziokulturellen Meistererzählung repräsentiert und desto stabiler die Solidargemeinschaft. In entgegengesetzter Perspektive ausgedrückt: Je heterogener die kulturelle Basis in einem kosmopolitischen Gesellschaftsentwurf, desto explosiver die Beziehung der in seiner Bedeutung marginalisierten individuellen Persönlichkeitskonstruktion zu einem notwendig weiten offiziellen politischen Narrativ mit der Gefahr einer sich durch ‚Entsittlichung' entsolidarisierenden Gesellschaft, in der sich der Einzelne mangels Repräsentation im normativen Egalisierungsskript selbst zum soziokulturellen Maßstab überhöht; eine zwar nicht nach außen, aber dafür im Innern isolationistische Gesellschaft sozialer Parallelwelten, deren soziale Sprengkraft nicht im terroristischen Exzess, sondern im Alltäglichen lauert: Kinder, die nicht mehr das gemeinsame Spiel mit der gemeinsamen Sandkastenform, sondern das bestenfalls wetteifernde mit Hilfe der jeweils eigenen lernen, wenn Sie das Beispiel aus jahrelanger Erfahrung in multikulturellen Städten erlauben.

An dieser Stelle fügt sich die erinnerungskulturelle Analyse mit dem Kontext der politischen Entstehungsgeschichte zum Puzzle zusammen:

Es wundert nicht, dass die ersten Schritte persönlicher Glaubensfreiheit auf dem Weg zur Konsolidierung einer befriedeten staatlichen Einheit gegangen wurden. In räumlicher, personeller und kultureller Einhegung blieb die Spannungsbalance im Prozess der kommunikativen und kulturellen Gedächtnisbildung gewahrt – jene zwischen der Möglichkeit gruppenbezogener individueller Sinnkonstruktion und der notwendigen Spannweite des kulturellen Maßstabes. Eine autonome Solidargemeinschaft konnte entstehen.

Wahr ist aber auch, dass dies ein Überwinden dynastisch regionaler Wagenburgmentalität voraussetzte, in der durch Engführung des kulturellen Identitäten-Pools, also durch Absenz pluralisierter kultureller Seinsweisen, die freie Wahl der eigenen Sinnkonstruktion ad absurdum geführt wurde – der Tod jedweder Identitätskonstruktion.

Die erste spezielle Religionsfreiheit zu Beginn der Neuzeit konstituierte sich nicht im supranationalen Konstrukt des Heiligen Römischen Reichs, auch nicht in den regional agierenden Einzelbünden. Erst die Schaffung des damals mittleren politischen Gebildes eines Gesamtbundes der Drei Bünde schaffte Raum für die notwendige Balance im Spannungsfeld unterschiedlicher religiös-soziokultureller Lebensweisen und bewirkte damit eine zumindest begrenzte Möglichkeit des Interessenausgleichs im Kontext fundamentaler kultureller Pluralisierungserfahrung zur Zeit der Reformation; ein politisches Rezept zur persönlichen Identitätswahrung in einer global agierenden Welt, welches gar die verheerenden Religionskriege überdauerte.

Wenn Globalisierung das prägende Element unserer Zeit ist, dann sollten wir uns auch aus den Fängen eines engen Blickwinkels befreien und jenen der Vogelperspektive einnehmen. Es lehrt Demut. Denn die Vielfältigkeit des Natürlichen ist auf unserem blauen Planeten ohne menschliches Zutun bereits integriert. An uns Menschen ist es, das jeweils ‚andere' als konstitutiven Faktor für das ‚Eigene' auf Augenhöhe zu respektieren und in notwendiger Abgrenzung vom ‚Ich' zu erhalten; **dialogische Offenheit zwischen den Kulturen erhält so als Selbsterhaltungsmaßnahme höchste Priorität für die dynamische Selbstvergewisserung in der Zeit.** Nicht aber ist es an uns, hinter dem Decknamen ‚grenzenlose kulturelle Integration' Angst oder Arroganz gegenüber dem Fremden in Form von Assimilationsforderungen zu verbergen und für möglich zu halten. Das Resultat wäre nicht der selbstbewusste Weltbürger, sondern der entwurzelte ‚Nobody', der auf der Suche nach seiner Identität sein Heil in einer gegenöffentlichen Parallelwelt oder in einem idealisierten Bewusstsein sucht mit der Gefahr einer sich radikalisierenden Gesellschaft.

Differenzierung und Maß sind gefragt, Mangelware in einer erneut starken kulturell interaktiven Globalisierungsphase mit Tendenzen sich gegenseitig idealisierender Politik und der Folge eines nicht ‚post-faktischen', sondern ‚quasi-faktischen' Zeitalters normativ symbolhaft institutionalisierten öffentlichen ‚Besser'-Wissens. Der Weg in eine ungewisse kulturell global vernetzte Zukunft braucht Lösungsansätze in erinnerungskultureller, politik- und strukturgeschichtlicher Verklammerung, will man nicht den identitätsgebrochenen Globalisierungsverlierer mit Namen ‚Hinz und Kunz'.

Anhang 1: Soziale Identität im Spiegel der Epochen[113]

	Alteuropa				Moderne		
	Antikes Griechenland	**Hellenismus**	**Mittelalter**	**Aufklärung**	**Bürgerliches Jahrhundert**	**Poststrukturalismus 1960er Jahre**	**Kultur-wissen-schaften 1990er Jahre**
1	Philosophisch	Logisch-philosophisch	Religiös-politisch	Geschichts-philosophisch	Historistisch	Sprachkritisch	Erzähl-theoretisch
2		Zoon politicon	Stand	Reflektierendes Subjekt	Bürgerliche Identität	Fiktion	Narratives Konstrukt
3		Kollektive Identität		Personale Identität			Personale Identität
4		Teleologisch	Gottgewollt	Teil eines universellen Prinzips	Erreichen einer sozialen Rolle als Leistung	Fehlen jeglicher Textreferenzialität, keine außersprachliche Wirklichkeit	Subjektiv sinnhaft
5	a) Unwandelbarkeit des Seins b) Alles fließt	Unbeweglicher Identitätsbegriff					Identität als diskursiver Prozess
6		Objektivistisch					Inter-pretativ

Legende:
1. Perspektivierung des Identitätsbegriffes
2. Realisierung der Identität
3. Identitätsform
4. Begründung der Identität
5. Identitätsverständnis
6. Darstellung der Identität

113 Elke Bader, Identität im Spiegel der Epochen: veröffentlicht anlässlich des Seminars "Identität" des Forums Politik, Geschichte, Kultur, Zürich 2017.

Anhang 2: Gesellschaftssysteme aus der Perspektive narrativer Identitätskonstruktion[114]

Kosmopolitismus Nationalstaatlichkeit ist fremdenfeindlich		**Kommunitarismus** Ablehnung jeglicher kulturellen Öffnung	
*	Fehlende gruppenübergreifende Erzählungen sowohl auf kommunikativer als auch auf kultureller Gedächtnisebene	*	Fehlen pluralisierter kultureller Gedächtnisebenen
*	Rudimentäre Institutionalisierung von Konventionen	*	Verlust personaler Identität mangels Abgrenzungsmöglichkeit als Kreuzung sozialer Kreise. Etablierung einer exklusiven kulturellen Identität
*	Entsittlichung führt zu Entsolidarisierung	*	Gefahr der Überhöhung einer speziellen kulturellen Identität in einem chauvinistischen, exklusiven Nationalismus
*	Isolationistische Tendenzen im Innern Monologische gegenöffentliche Parallelwelten	*	Das andere hat kein Existenzrecht
*	Gefahr ideeller Weltanschauungsmodelle	*	
Kritik	Die Abgrenzung vom anderen ist nicht fremdenfeindlich, sondern wesentlicher Bestandteil der Identitätsnarration	Kritik	Der kulturelle Dialog mit dem anderen ist Voraussetzung für die Ich-Konstruktion

[114] Elke Bader, Gesellschaftssysteme aus der Perspektive narrativer Identitätskonstruktion, veröffentlicht anlässlich des Seminars "Identität" des Forums Politik, Geschichte, Kultur, Zürich 2017.

Anhang 3: Parallelen im Verständnis von Identität als kultureller Rassismus einerseits und ihrer Überhöhung andererseits[115]

*	Beidseitig reaktionäres Identitätsverständnis abseits sozialkommunikativer Prozesshaftigkeit
*	Fremdbestimmung statt Selbstbestimmung
*	Das Andere wird als konstitutiver Faktor für das Eigene negiert
*	Tod personaler Identität
*	Selbstentfremdung als Nährboden gesellschaftlicher Verrohung
Fazit	Im dynamischen Spannungsverhältnis zwischen konkurrierenden kollektiven Gedächtnissen bedarf es einer integrativen Balance.

[115] Elke Bader, Parallelen im Verständnis von Identität als kultureller Rassismus einerseits und ihrer Überhöhung andererseits, veröffentlicht anlässlich des Seminars "Identität" des Forums Politik, Geschichte, Kultur, Zürich 2017.

Quellen- und Literaturverzeichnis

Quellen:

Bernegg, Fortunat Sprecher v.: Rätische Chronik, in der Übersetzung von Anton von Sprecher (Hrsg.), Bd. II, Malans 1999.

Bundesrat(CH)(Hrsg.): Bundesverfassung der Schweizerischen Eidgenossenschaft vom 18. April 1999, online-Ressource, Stand 29.05.2017, https://www.admin.ch/opc/de/classified-compilation/19995395/index.html.

Bundesverfassungsgericht (BRD): Urteil vom 19.10.1971 - 1 BvR 387/65 - Grundrecht auf Glaubens- und Bekenntnisfreiheit, online-Ressource, Stand 29.05.2017, https://www.jurion.de/urteile/bverfg/1971-10-19/1-bvr-387_65/.

Bundesverwaltungsgericht (BRD): Urteil vom 11.09.2013, 6C 25.12, online-Ressource, Stand 29.05.2017, http://www.bverwg.de/110913U6C25.12.0.

Bürgerliches Gesetzbuch (BRD): § 1631 d Abs. 2, online-Ressource, Stand 29.05.2017, https://dejure.org/gesetze/BGB.

Clemen, Otto (Hrsg.): Luthers Werke in Auswahl, Bd. 3, Bonn 1913.

Deutscher Bundestag (Hrsg.): Grundgesetz der Bundesrepublik Deutschland vom 23. Mai 1949, Stand 23.12.2014, online-Ressource, Stand 29.05.2017, https://www.bundestag.de.

Europäischer Gerichtshof für Menschenrechte: Urteil vom 01.07.2014 – 43835/11, online-Ressource, Stand 29.05.2017,

http://hudoc.echr.coe.int/eng#{"languageisocode":["FRE"]," ap-
pno":["43835/11"],"documentcollectionid2":["GRANDCHAMBER"],"itemid":["001-145240"]}.

Europarat (Hrsg.): Europäische Konvention zum Schutz der Menschenrechte und Grundfreiheiten, Rom 04. November 1950, Stand 01.06.2019, online-Ressource, Stand 29.05.2017, http://www.echr.coe.int/Documents/Convention_DEU.pdf.

Giousouf, Cemilie: in: ZDF (Hrsg.), Phoenix-Runde vom 19.04.2016, Islam-Kontroverse-Welche Religionen gehören zu Deutschland? Anke Plättner diskutiert mit Cemile Giousouf, Michael Rutz, Ender Cetin und Dr. Marc Jongen, online-Ressource, Stand 12.12.2016, https://www.zdf.de/politik/phoenix-runde/phoenix-runde-vom-19-04-2016-104.html.

Göring-Eckhardt, Katrin: zitiert nach idea e.V., evangelische Nachrichtenagentur, Flüchtlinge machen Deutschland religiöser, vielfältiger und jünger, Wetzlar 09.11.2015, online-Ressource, Stand 05.12.2016, http://www.idea.de/gesellschaft/detail/fluechtlinge-machen-deutschland-religioeser-vielfaeltiger-und-juenger-92675.html.

Hofmeisters, Sebastian: Akten zum Religionsgespräch in Ilanz, Chur 1904.

Huber, Wolfgang: in: ZDF (Hrsg.), Phönix, Im Dialog, 04.12.2016, online-Ressource, Stand 12.12.2016, https://222.phoenix.de/content/phoenix/die_sendungen/diskussionen/im_dialog/1180251?datum=2016-12-02.

Jecklin, Constanz: Urkunden zur Verfassungsgeschichte Graubündens, 2. Heft, Zeit der Reformation (Bis zum Ende des 16. Jahrh.), in: Jahresbericht der Historisch-Antiquarischen Gesellschaft von Graubünden, Chur 1884, S. 89-98.

Käßmann, Margot: in: online-Portal der üerregionalen Tageszeitung ‚die Welt' vom 10.09.2015, online-Ressource, Stand 19.02.2017, https://www.weltde/politik/deutschland/article146239250/Angst-vor-Islamisierung-Gehen-Sie-in-die-Kirche.html.

Maizière, Thomas: in: Badische Zeitung (BZ) vom 25. April 2017, Deutlich mehr Gewaltdelikte, online-Ressource, Stand 30.05.2017, online-Ressource, Stand 30.05.2017, http://www.badische-zeitung.de/deutschland-1/deutlich-mehr-gewaltdelikte--135999370.html.

Merkel, Angela: in: Magazin der ‚Stern' vom 8. September 2015, online-Ressource, Stand 19.02.2017, http://www.stern.de/politik/deutschland/angela-merkel-beantwortet-frage-zur-angst-vor-islamisierung-6441522.html.

Oppermann, Thomas: Berliner Erklärung, zitiert nach Tagesschau ARD vom 19.08.2016, online-Ressource, Stand 05.12.2016, https://www.tagesschau.de/inland/berliner-erklaerung-111.html.

Plättner, Anke: in: ZDF (Hrsg.), Phoenix-Runde vom 19.04.2016, Islam-Kontroverse-Welche Religionen gehören zu Deutschland? Anke Plättner diskutiert mit Cemile Giousouf, Michael Rutz, Ender Cetin und Dr. Marc Jongen, online-Ressource, Stand 12.12.2016, https://www.zdf.de/politik/phoenix-runde/phoenix-runde-vom-19-04-2016-104.html.

Rutz, Michael: in: ZDF (Hrsg.), Phoenix-Runde vom 19.04.2016, Islam-Kontroverse-Welche Religionen gehören zu Deutschland? Anke Plättner diskutiert mit Cemile Giousouf, Michael Rutz, Ender Cetin und Dr. Marc Jongen, online-Ressource, Stand 12.12.2016, https://www.zdf.de/politik/phoenix-runde/phoenix-runde-vom-19-04-2016-104.html.

Schulbehörde des Kantons Basel Land (CH): Richtlinie vom 25.05.2016, zitiert nach Deutsche Welle, online-Ressource, Stand 29.05.2017, http://www.dw.com/de/muslimische-sch%C3%BCler-m%C3%BCssen-lehrerin-die-hand-sch%C3%BCtteln/a-19282739.

Staatsarchiv Graubünden: Ilanzer Artikel, StAGR AI/01 Nr. 074-076 a, b, c.

Travers, Johann: Das Lied vom Kriege des Schlosses Musso, in: Alfons v. Flugi (Hrsg.), Historische Gedichte in ladinischer Sprache aus dem 16. und 17. Jahrhundert übersetzt von Alfons v. Flugi, Chur 1865, S. 42-54.

Tschudi, Aegidii: Chronicon Helveticum, Basel 1736, S. 142, online-Version, Stand 02.02.2017, https://books.google.de/books?id=Rx1YAAAAcAAJ&printsec=frontcover&hl=de&source=gbs_ge_summaryr&cad=0#v=onepage&q=Schuler&f=false.

Usteri, Leonhard und Vögelin, Salomon (Hrsg.): M. Huldreich Zwingli's sämmtliche Schriften im Auszuge, Bd. 1, Zürich 1819.

Zentralrat der Muslime in Deutschland e.V. (Hrsg.), Islamische Charta, Berlin 2002, online-Ressource, Stand 29.05.2017, http://zentralrat.de/3035.php.

Sekundärliteratur:

Arendt, Hanna: Was ist Politik?, 4. Aufl., München 2010.

Assmann, Aleida: Kulturen der Identität. Kulturen der Verwandlung, in: Dies./Jan Assmann (Hrsg.), Verwandlungen, Archäologie der literarischen Kommunikation IX, München 2006, S. 25-45.

Assmann, Jan: Kollektives Gedächtnis und kulturelle Identität, in: Ders./Tonio Hölscher (Hrsg.), Kultur und Gedächtnis, Frankfurt/M. 1988, S. 9-19.

Assmann, Jan: Das kulturelle Gedächtnis, Schrift, Erinnerung und politische Identität in frühen Hochkulturen, München 1992.

Bader, Elke: Soziale Identität im Spiegel der Epochen, veröffentlicht anlässlich des Seminars „Identität" des Forums Politik, Geschichte, Kultur, Zürich 2017.

Bader, Elke: Parallelen im Verständnis von Identität als kultureller Rassismus einerseits und ihrer Überhöhung andererseits, veröffentlicht anlässlich des Seminars "Identität" des Forums Politik, Geschichte, Kultur, Zürich 2017.

Bader, Elke: Gesellschaftssysteme aus der Perspektive narrativer Identitätskonstruktion, veröffentlicht anlässlich des Seminars "Identität" des Forums Politik, Geschichte, Kultur, Zürich 2017.

Berek, Mathias: Kollektives Gedächtnis und die gesellschaftliche Konstruktion der Wirklichkeit, Eine Theorie der Erinnerungskulturen, Wiesbaden 2009.

Berger, Peter und Luckmann, Thomas: Die gesellschaftliche Konstruktion der Wirklichkeit, eine Theorie der Wissenssoziologie, 25. Aufl., Frankfurt/M. 2013.

Bloch, Ernst: Erbschaft dieser Zeit, Frankfurt/M. 1973.

Brunold, Ursus und Collenberg, Adrian: Berther Chronik,

Die Selbstwahrnehmung einer Bündner Notabelnfamilie im 17. Und 18. Jahrhundert, Chur 2010.
Bundi, Martin: Familiengeschichte der von Mont aus dem Lugnez, Chur 2010.
Bundi, Martin: Zur Dynamik der frühen Reformbewegung in Graubünden, Staats-, kirchen- und privatrechtliche Erlasse des Dreibündenstaates 1523-1526, in: Zwingliana Band 38, Zürich 2011.
Burret, Gianna: Der Inquisitionsprozess im Laienspiegel des Ulrich Tengler, Köln 2010.
Castelmur, Ant. v.: Rudolf von Marmels, Ratsherr zu Rapperswil, in: F. Pieth (Hrsg.), Bündnerisches Monatsblatt (BM), Heft 8, Chur 1924, S. 250-257.
Collenberg, Adrian: Sammlung Schweizerischer Rechtsquellen, Graubünden (SSRQ GR), Bd. III 1.4, Basel 2012.
Collenberg, Adrian: Sammlung Schweizerischer Rechtsquellen, Graubünden (SSRQ GR), Bd. III 1.2, Basel 2012.
Decurtins, Sandro: In Amt und Würden, Entstehen und Wesen der neuen Elite in der Surselva 1370-1530, Chur 2013.
Eltchaninoff, Michel: Rückkehr nach Sarcelles, in: Philosophie Magazin Nr. 02, 2017, S. 53-57.
Erll, Astrid: Kollektives Gedächtnis und Erinnerungskulturen, 2. Aufl., Stuttgart/Weimar 2011.
Geertz, Clifford: Religion as a Cultural System, in: Michael Lambek (Hrsg.), A Reader in the Anthropology of Religion, 2. Aufl., London/NY 2008, S. 57-75.
Halbwachs, Maurice: Das Gedächtnis und seine sozialen Bedingungen, Berlin/Neuwied 1985.
Hitz, Florian: Rezension Martin Bundi, Gewissensfreiheit und Inquisition im rätischen Alpenraum, in: Bündner

Monatsblatt (BM), Bd. 2004, Heft 1, S. 83-94.
Jäger, Georg: Die Reformation in der Stadt Chur, in: Martin Bundi/Ursula Jecklin/Georg Jäger (Hrsg.), Geschichte der Stadt Chur, Bd. II, Chur 1986, S. 274-338.
Jarausch, Konrad H. und Sabrow, Martin: ‚Meistererzählung' – Zur Karriere eines Begriffs, in: Dies. (Hrsg,), die historische Meistererzählung, Deutungslinien der deutschen Nationalgeschichte nach 1945, Göttingen 202, S. 9-32.
Keller-Escher, Carl: Die Familie Grebel, Blätter aus ihrer Geschichte, gesammelt zur Erinnerung an die am 27. Okt. 1386 erfolgte Einbürgerung zu Zürich, Frauenfeld 1884.
Kessler, Johannes: Sabbata, Mit kleineren Schriften und Briefen, in: Historischer Verein des Kantons St. Gallen (Hrsg.), Bearb. Emil Egli/Rudolf Schoch, St. Gallen 1902.
Knight, Kevin: Pope Pius IV., in: New Advent (Hrsg.), Catholic Enzyclopedia, online-Ressource, Stand 15.02.2017, http//www.newadvent.org/cathen/12129a.htm.
Lendorff, C. F. (Hrsg.), Beeli v. Belfort, in: Schweizerisches Geschlechterbuch, Bd. 2, Basel 1906, S. 33-46.
Lendorff, C. F. (Hrsg.), v. Castelmur, in: Schweizerisches Geschlechterbuch, Bd. V, Basel 1933, S. 116-123.
Meuter, Norbert: Narrative Identität. Das Problem der personalen Identität im Anschluss an Ernst Tugendhat, Niklas Luhmann und Paul Ricoeur, Stuttgart 1995.
Meuter, Norbert: Geschichten erzählen, Geschichten analysieren. Das narrativistische Paradigma in den Kulturwissenschaften, in: Friedrich Jaeger/Jürgen Straub (Hrsg.), Handbuch der Kulturwissenschaften, Paradigmen und Disziplinen, Bd. 2, Stuttgart 2004, S. 140-155.
Moore, John A.: Der starke Jörg, Die Geschichte Jörg

Blaurocks, des Täuferführers und Missionars, Kassel 1955.
Muralt, Leonhard v.: Renaissance und Reformation, in: Ders. u.a. (Hrsg.), Handbuch der Schweizer Geschichte, Bd. 1, Zürich 1972, S. 389-570.
Pesch, Otto Hermann: Die „Gemeinsame Erklärung zur Rechtfertigungslehre“ vom 31.10.1999, Probleme und Aufgaben, Vortrag vom 21.07.2007, ökum. Forum Heidelberg, online-Ressource, Stand 12.12.2016, http://www. uni-heidel-
berg.de/md/fakultaeten/theologie/oek/forum/12.2.pdf.
Purtscher, Fr.: Die Stadtgemeinde Ilanz am Ausgang des Mittelalters, in: Bündner Monatsblatt (BM), Bd. 1922, Heft 9, S. 253-271.
Ratzinger, Joseph und Bertone, Tarcisio: Dominus Iesus Kongregation für die Glaubenslehre der römisch-katholischen Kirche vom 6. August 2000, online-Ressource, Stand 12.12.2016,
http://www.vatican.va/roman_curia/congregations/cfaith/documents/rc_con_cfaith_doc_20000806_dominus-iesus_ge.html.
Ricoeur, Paul: Personale und narrative Identität, in: Ders. (Hrsg.), Das Selbst als ein Anderer, München 1996, S. 141-171.
Ricoeur, Paul: „homo narrans“, narrative identity, in: Philosophy Today, Bd. 35, S. 73-81.
Schiess, Traugott: Jakob Salzmann, ein Freund Zwinglis aus älterer Zeit, in: Christian Moser u. a. (Hrsg.), Zwingliana: Beiträge zur Geschichte des Protestantismus in der Schweiz und seiner Ausstrahlung, 1/8, Zürich 1900, online-Ressource, Stand 02.03.2017,
http://www.zwingliana.ch/index.php/zwa/article/view/21

69/2079.
Schumacher, P. Adalgott: Album Desertinense oder Verzeichnis der Aebte und Religiosen des Benediktiner-Stiftes Disentis, Eine Festgabe auf die Jubelfeier seines dreizehnhundertjährigen Bestehens 614-1914, Disentis 1914.
Sieber, Christian und Vadian, Joachim: in: Historisches Lexikon der Schweiz (HLS), online-Ressource, Stand 02.02.2017, http://www.hls-dhs-dss.ch/textes/d/D12383.php.
Simmel, Georg: Soziologie. Untersuchungen über die Formen der Vergesellschaftung, Kapitel VI, Die Kreuzung sozialer Kreise, in: Otthein Rammstedt (Hrsg.), Georg Simmel Gesamtausgabe, 1. Aufl., Bd. II, Frankfurt/M., S. 456-511.
Straub, Jürgen: Erzählung, Identität und historisches Bewußtsein, Die psychologische Konstruktion von Zeit und Geschichte. Erinnerung, Geschichte, Identität, Frankfurt/M. 1998.
Valer, M.: Die Bestrafung von Staatsvergehen in der Republik der drei Bünde, Chur 1904.
Vasella, Oskar: Die ersten Priesterehen seit der Reformation, in: Neue Zürcher Zeitung (NZZG) 1945, Nr. 1835, 4. Dezember 1945.
Vasella, Oskar: Abt Theodul Schlegel und seine Zeit, 1515-1529, Kritische Studien über Religion und Politik in der Zeit der Reformation, Freiburg (CH) 1954.
Vasella, Oskar: Von den Anfängen der bündnerischen Täuferbewegung, in: Ursus Brunold/Werner Vogler (Hrsg.), Geistliche und Bauern, Chur 1996, S. 102-121.
Vasella, Oskar: Die bischöfliche Herrschaft in Graubünden und die Bauernartikel von 1526, in: Ursus Bru-

nold/Werner Vogler (Hrsg.), Geistliche und Bauern, Chur 1996, S. 284-369.

Welzer, Harald: Gedächtnis und Erinnerung, in: Friedrich Jaeger/Jörn Rüsen (Hrsg.), Handbuch der Kulturwissenschaften, Themen und Tendenzen, Bd. 3, Stuttgart 2004, S. 155-174.

Wensierski, H.-J. v.: Mit uns zieht die alte Zeit, Opladen 1994.

Wermke, Matthias, Kunkel-Razum, Kathrin und Scholze-Stubenrecht: Religion, in: Dies. (Hrsg.), Duden, Das Herkunftswörterbuch, Etymologie der deutschen Sprache, Bd. 7, 4. Aufl., Mannheim/Zürich 2007.

White, Hayden: Metahistory, die historische Einbildungskraft im 19. Jahrhundert in Europa, Frankfurt/M. 1991.

Winning, Wilhelm Heinrich, Bansi Heinrich, Bonorand: Grundriss der Geschichte Gmeiner Drey Bündten Lande, Bd. 1, 1773.

Die Autorin

Elke Bader, die gebürtige Rheinländerin, wohnt und arbeitet im Markgräflerland am Südhang des Schwarzwaldes. Sie absolvierte an der staatlichen Universität das Studium der Kulturwissenschaften mit den Fachschwerpunkten Geschichte und Philosophie. Ihr historischer Debütroman ‚Anna von Rötteln' schaffte es auf Anhieb in die Bestsellerliste des Basler Buchhandels. Ein zweiter, den sie ihren Lesern versprochen hatte, ‚der Flammenthron des Röttlers', folgte. Doch je mehr Menschen und Geschehnisse der Vergangenheit durch ihre Feder ins Licht der Gegenwart traten, desto deutlicher erkannte sie die Gestaltbarkeit des Gestern aus dem Heute heraus, geprägt nicht zuletzt von politischen und wirtschaftlichen Interessen. Als Gründungsmitglied des grenzüberschreitenden Forums Politik, Geschichte, Kultur mit Sitz in Zürich hat sie es sich zur Aufgabe gemacht, gesellschaftlich brisante Fragen mit dem Blick der freischaffenden Kulturwissenschaftlerin darzustellen, sei es als Roman oder wissenschaftliche Abhandlung. In ihrem neuen Werk durchschreitet Elke Bader die Gezeiten europäischer Geschichte auf der Suche nach einer Quelle, die Antwort geben kann auf die drängende Frage nach Identitätswahrung im globalisierten Europa des 21. Jahrhunderts.

Außerdem von Elke Bader erschienen:

ISBN:978-3-9812889-0-2
veröffentlicht 2009, Verlag "blackforest-publishing e.K

Rötteln 1409: Nur Markgräfin Anna von Freiburg erkennt die wahren Feinde ihres Gemahls im blutigen Ränkespiel des machthungrigen Baseler Bürgermeisters Rotberg und des eigensüchtigen Landvogts der habsburgischen Herzogin Katharina. Mutig nimmt sie den Kampf auf gegen lüsterne Gier und Verrat am eigenen Hof, als alle Menschen entlang des Rheins zwischen Rheinfelden und Basel bis weit hinein in den Schwarzwald an der Knechtschaft von Tod und Elend fast zerbrechen. Wird die Liebe des Markgrafen zu ihr stark genug sein?

Ein dramatischer Wettlauf gegen die Zeit beginnt, in dem nur der geheimnisvolle Ritter Wolf von Hartenfels und Kunz, ein Leibeigener vom Kloster Weitenau, Anna zur Seite stehen. Der schicksalhafte historische Roman um die Entstehung des Markgräflerlandes.

ISBN 978-3-9812889-1-9
veröffentlicht 2010 Verlag "blackforest-publishing e.K.

Basel 1444: Die Stadt steht am Rande eines tödlichen Abgrunds. Während innerhalb seiner Mauern die höchsten kirchlichen Würdenträger einen Gegenpapst ernannt haben und um eine Erneuerung der zersplitterten Weltkirchen ringen, lagert vor seinen Toren die größte Armee Europas, die Schinder des französischen Königs. Im Namen des Dauphins erheben sie eine unglaubliche Forderung: Basel gehöre zu Frankreich. Doch damit nicht genug! Welche Rolle spielt der eigene Nachbar, der Markgraf von Rötteln?